中級からの
人とつながる
日本語会話

ワンランク上の
コミュニケーション力を目指そう

Japanese Conversation for Connecting with People at the Intermediate Level and Higher: Aiming towards More Sophisticated Communication Skills

小池真理・小林ヒルマン恭子・宮崎聡子 著

ひつじ書房

本書を使って学習される方へ

　会話はコミュニケーションのために行います。様々な人とよい関係を作るには、よいコミュニケーションができるようになることが重要です。そのためには、相手の気持ちや状況を考えながら話し、相手の話をよく聞き、適切に応答したり関心や共感を示したりすることが必要になります。また、自然に相手と会話を続け、話の内容を深められる力も大切です。この本はそれらを練習し、様々な人と上手につながっていけるようになることを目的としています。この本で学んだことを活用して、自信を持ってよりよいコミュニケーションができるようになりましょう。

〈学習方法のポイント〉

(1)通常、会話では話し手と聞き手が入れ替わりながら進みます。この本では話し手と聞き手としての両方の練習があります。どちらの立場かを意識して練習してください。

(2)各練習は声を出して行ってください。何度も練習することで、言葉や表現を覚え、少し長い文でもスムーズに言えるようになります。

(3)この本にはたくさんの言葉や表現があります。一度に全部覚えようとしなくてもいいです。自分が使いたいと思うものを覚えて使ってください。だんだん様々な言葉や表現が使えるようになります。

(4)各課の練習には、「用件を提示する」「気持ちを伝える」などの注目点(ポイント)が書いてあります。それらを意識して練習してください。

(5)音声アイコンがあるところは、以下のURLのウェブサイトにある音声を聞いて、学習してください。

　　URL：https://www.hituzi.co.jp/hituzibooks/ISBN978-4-8234-1147-2_onsei/

　　　　ユーザーID：1147onsei

　　　　パスワード：Connect_5876

(6)タスクカードを使った会話練習をした後は、必ず「振り返りシート」で、できたこととできなかったことをチェックしてください。よかった点やよくなかった点を意識できるようになると、次の目標ができて上達します。

(7)この本の会話練習には日本の生活習慣や文化に関する言葉や表現がたくさん出てきます。それらについてインターネットで調べたり知っている人に聞いたりして、自分の知識を広げてください。

本書を使って指導される方へ

　本書は初級レベルを終了した学習者から中上級レベルの学習者を対象としています。教科書として授業で使用していただくこともできますし、自分で日本語の会話能力を伸ばしたいと考えている学習者の方の独学用教材としてもお使いいただけます。

　本書は、会話とは、参加者が協力して積極的に一緒に作り出すものであると考え、円滑にそのような会話を作れる能力を養成することを目的としています。そのために必要な会話能力とは、以下の通りです。

・話し手として、また聞き手としても適切に会話できる。

・相手に対して不快感を与えないような話し方ができる。

・状況や会話の流れに応じて多様な語彙や表現を使うことができる。

・文レベルではなく、談話レベルの会話を展開することができる。

●本書の目標

　日本語でよりよいコミュニケーションができるようになることを目指して、以下の4点を目標としています。

1. 相手に配慮しながら話し手、聞き手として会話を作り出せるようになる。ここで言う配慮とは、相手の気持ち、状況、また社会的立場に気をつけることである。
2. 日本語の会話の方法や流れを理解して、話し、応答できるようになり、談話構成も考えながら長い会話が作れるようになる。
3. 適切で円滑な会話に使用できる中級レベルの語彙、表現、コロケーションなどの知識を増やし、実際の生活場面で使えるようになる。
4. 自分の会話を振り返り、良い点と良くない点を理解した上で、自律的に次への目標を明らかにできるようになる。

●本書の特徴

　上記の目標の各項目に応じた本書の特徴は以下の通りです。

1. 相手と気持ちよく円滑に会話を進めるにはどうしたらいいのかなどを考えながら、その注目点(ポイント)を意識して練習できる。

　⇒話し手として、また聞き手として会話を円滑に進めるための様々な配慮のしかたと表現を練習できる。

　⇒上司や先生、先輩、同僚、友達、初対面の人など多様な人間関係を考え、相手や場面に応じた丁寧さや改まり度、親疎感の違いを会話の中で練習できる。

　⇒コミュニケーション上問題のある会話例を見て、問題点とその理由、よいコミュニケーションの例を考え、理解を深めることができる。

2. 日本語の会話の方法や流れを理解して、談話構成を考えながら長い会話を作れるようにしている。

⇒巻頭のウォーミングアップで基本的な応答（相づちを含む）の方法や意味の違い、イントネーションを確認できる。

⇒会話を始め、続け、発展させ、適切に終わるためのストラテジーを意識しながら学べる。

⇒各課では、短く分けた会話で重要なところを練習した後に、学んだことを使って長い会話が練習できる。

3. 学習者が様々な表現を使用して、自分の伝えたい内容や気持ちを話せるようにしている。

⇒多くの語彙や表現を示していて、学習者自身が必要な語彙や表現を選択できる。

⇒各課の練習では、学んだ表現を使用して自分が話したい内容で練習できる。

⇒後半の課では、自分の考えや感想、経験などについて話したいことを話したり、相手の話に関心や共感を示しながら聞いたりする会話の練習ができる。

⇒発展的な活動として、学習者が興味のあるテーマについて話し合ったり、4コマ漫画のストーリーを作って発表し合ったりするグループ活動ができる。

⇒オノマトペの音の意味をまとめたコラムがあり、描写力や表現力をつけるためにわかりやすく学べる。

4. 学習者が積極的、自律的に学習できるようにしてあり、授業のための予習、復習をするにも、また独学をするにもわかりやすくしている。

⇒各練習には注目点（ポイント）が書いてあるので、それを意識しながら学べる。さらに、各課で学習したポイントがまとめてあり、練習の後に確認できる。

⇒各課の終わりには、会話で特徴的に使用される言葉の説明や、内容に関連した語彙や表現があり、復習や語彙力、表現力の強化のために役立つ。

⇒学習者自身が現時点の会話能力を把握して、次への目標を見つけられるように各課に振り返る活動がある。

⇒巻末には、本書で取り上げた、よいコミュニケーションにするための要点がまとめてあり、いつでも確認し意識できる。

●補助教材

本書には、以下の URL のそれぞれのウェブサイトに（音声アイコン）が付いた箇所の音声と教師用ガイドがあります。教師用ガイドにはグループ活動に使用する 4 コマ漫画が 3 種類あります。

URL：https://www.hituzi.co.jp/hituzibooks/ISBN978-4-8234-1147-2_onsei/
　　ユーザー ID：1147onsei
　　パスワード：Connect_5876

URL：https://www.hituzi.co.jp/hituzibooks/ISBN978-4-8234-1147-2_tm/
　　ユーザー ID：1147tm
　　パスワード：JPconv_0284

本書の使い方
ほん しょ つか かた

本書を使用して指導される方は、学習者のレベルやニーズ、またクラス人数やコースシラバスに合
わせて、課の順序や進度などを柔軟に変えてご使用ください。

全体の構成
ぜんたい こうせい

本書の構成は以下のようになっています。

(1)ウォーミングアップ

(2)日本語の会話の特徴－相づちと終助詞
にほんご かいわ とくちょう あい しゅうじょし

(3)第1課～第15課(各課のタイトルは目次にあります)
だい か だい か かくか もくじ

(4)コラム：日本語のオノマトペの音の意味
にほんご おと いみ

(5)まとめ：よいコミュニケーションにするために

(6)グループ活動例1・2
かつどうれい

活動の内容
かつ どう ない よう

それぞれの活動内容は以下のようになっています。
かつどうないよう いか

(1)ウォーミングアップ

ここでは、基本的な応答が適切にできるかを確認します。音声を聞きながら、状況に応じた応答を考
き ほんてき おうとう てきせつ かくにん おんせい き じょうきょう おう おうとう かんが
えて選びます。そして、応答表現の意味の違いやイントネーション、本書での表記方法を確認します。
えら おうとうひょうげん いみ ちが ほんしょ ひょうきほうほう かくにん

(2)日本語の会話の特徴－相づちと終助詞
にほんご かいわ とくちょう あい しゅうじょし

日本語の会話でよく使用される相づちと終助詞の基本的な説明があります。これらは、よいコミュ
にほんご かいわ しよう あい しゅうじょし きほんてき せつめい
ニケーションのために大切な役割をしています。なお、本書の練習では、相づちは応答表現の中に入
たいせつ やくわり ほんしょ れんしゅう あい おうとうひょうげん なか はい
っています。

(3)第1課～第15課
だい か だい か

第1課から第7課までは、「自己紹介をする」「頼む・頼まれる」のように身近な生活場面で必要な
だい か だい か じこしょうかい たの たの みぢか せいかつばめん ひつよう
会話を学びます。初級レベルでも学習することがありますが、これらの課では中級レベルの適切な会
かいわ まな しょきゅう がくしゅう か ちゅうきゅう てきせつ かい
話とはどういうものかを理解し、新しい言葉や表現を使って練習して、自分が話したいと思う状況で
わ りかい あたら ことば ひょうげん つか れんしゅう じぶん はな おも じょうきょう
使えるようにします。また、友達、同僚、先輩、初対面の人など相手によって、くだけた言葉や丁寧
つか ともだち どうりょう せんぱい しょたいめん ひと あいて ことば ていねい
な言葉を使い分けられるように練習します。
ことば つか わ れんしゅう

第8課では、職場の上司や学校の先生のような社会的立場が上にあたる人との尊敬語や謙譲語を使
だい か しょくば じょうし がっこう せんせい しゃかいてきたちば うえ ひと そんけいご けんじょうご つか
用した会話を練習します。第9課から第15課までは、前半で学習したことを土台にして、自分が考え
よう かいわ れんしゅう だい か だい か ぜんはん がくしゅう どだい じぶん かんが
たこと、感じたこと、経験したことなどを話します。また、同時に聞き手として、他の人の話に共感
かん けいけん はな どうじ き て ほか ひと はなし きょうかん
したり、自分と違う考えを認めたりしながら聞いて話す練習をします。
じぶん ちが かんが みと き はな れんしゅう

(4) コラム：日本語のオノマトペの音の意味

　日本語の会話でよく使われるオノマトペの音の意味をわかりやすく体系的に紹介しています。会話練習の中でもオノマトペを使用していますので、その意味の理解のために役に立ちます。また習ったことのないオノマトペの意味を予測するためにも役に立ちます。各課でオノマトペが出てきた時に、参照したり確認したりしてください。

(5) まとめ：よいコミュニケーションにするために

　この本で取り上げた、よいコミュニケーションにするための要点がまとめてあります。練習を始める前や途中で、また練習後に見て、いつも意識できるようにしてください。

(6) グループ活動例 1・2

　最後にグループ活動例が2種類あります。グループ活動例1は、あるテーマについて話し合う活動で、グループ活動例2は4コマ漫画を使用してストーリーを作る活動です。どちらも会話練習とは違い、各自が時間をかけてじっくり自分の思いや考えをまとめて、発表し、さらにグループで話し合う活動です。各課の間に適宜この活動を行うことで、多様な対話の練習ができ、各課で学習したことを応用、発展させられます。

　各活動例には、ワークシートと振り返りシートがあります。また活動例1では、自国のこと、日本のこと、社会問題などのテーマ例が複数示してあります。活動例2の4コマ漫画はウェブサイトの教師用ガイドに3種類あります。どちらの活動もこれらを参考にして、自分達で選んだもので行うこともできます。

各課の使い方

各課は、前半と後半で話し手と聞き手としての練習が分けられています。課によってその練習の順番は異なります。ここでは第1課を例として説明します。

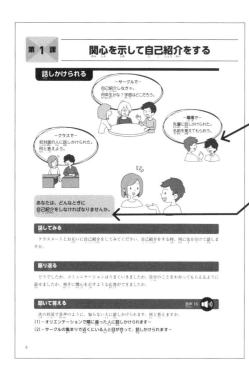

(1)導入部分

この課でどのようなことを学ぶのか、どのような状況なのかをイメージするところです。

> 聞き手(話し手)としての状況の例が示してあります。

> 質問文があります。
> 状況を具体的にイメージしながら答えます。

【話してみる】

今まで勉強した言葉や表現を使って話します。

【振り返る】

第1課では、相手に関心を示しながら自己紹介ができたかを振り返り、できないことや足りないことを意識します。

【聞いて答える】

音声を聞いて、どのように応答したらいいかを考えて、答えます。いろいろな表現を考えることで理解が深まり、応用することができるようになります。

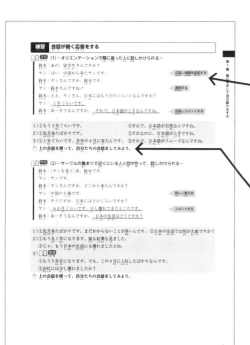

(2)「練習」：聞き手(話し手)としての短い会話練習

> この練習で注目してほしい点(ポイント)が右側に書いてあります。

これを意識しながら、必ず声を出してスムーズに言えるように練習します。言葉や表現を増やすために、1)から3)を使って何度も練習してください。

> ここでは、練習した表現や方法を使って、自分の話したい内容を話します。

間違えてもいいので、いろいろな表現を使ってください。

(3) 話し手(聞き手)としての導入部分

ここで、聞き手(話し手)から話し手(聞き手)に立場が入れ替わります。注目する点が変わったことを意識してください。

(1)と同様に状況例を見て、状況をイメージし質問文に答えます。

(4)「練習」：話し手(聞き手)としての短い会話練習

(2)「練習」と同様の方法で練習します。

(5) クエスチョン

> ここにはコミュニケーション上問題がある会話例や文法の間違いがある会話例があります。質問文があるので、その答えを考えます。

さらに、どうして問題があるのか、よいコミュニケーションにするにはどうしたらよいかも考えてください。ここでの参考になる「よいコミュニケーションの会話例」は別冊のスクリプトのあとに書いてあります。

(6)「会話例を聞く」

> ここには会話例1と会話例2があります。会話例1は友達との普通体を使用した会話で、会話例2は先輩との丁寧体を使用した会話です。第8課はどちらも尊敬語と謙譲語を使用した会話です。

ここでは、各課で学んだ言葉、表現、会話方法を使った長い会話を聞きます。話し手、聞き手がどのように話しているか、全体の流れがどのようになっているか、よいコミュニケーションとはどのようなものかを意識しながら聞き、理解します。発音やイントネーションも確認できます。また、別冊のスクリプトを利用して会話練習をすることもできます。長い会話を練習することで最後に行う「会話する」の活動につなげられるようにします。

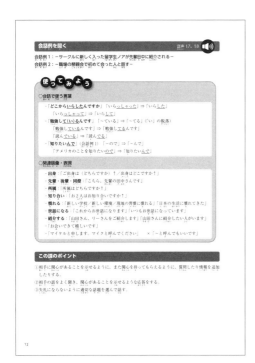

(7)「使ってみよう」

　この課で使用した会話の言葉の説明や、語彙や表現を増やしたい人のために役に立つ「関連語彙や表現」があります。また、重要な表現のまとめもあります。活動中や活動後にクラスで一緒に見てもいいし、復習として自分で見るようにしてもいいです。

(8)「この課のポイント」

　この課で学習したポイントのまとめです。これらを確認して、次の「会話する」でのより長い会話の練習に生かせるようにします。

(9)「会話する」

　この課で学んだ言葉、表現、会話方法を使って総合的な会話練習をします。ペアになり、それぞれ異なる「タスクカードA」と「タスクカードB」を読んで、その状況で会話をします。

　タスクカードの状況は2種類あり、会話1は友達との会話、会話2は先輩との会話になっています。友達との会話では普通体で、先輩との会話では丁寧体で話してみてください。

　第8課は先生と上司との会話で、第4課と第10課、第15課は3人で行う会話です。

(10)「振り返る」

　「会話する」で行った会話を振り返り、よかった点、よくなかった点をチェックし、コメントを書きます。よくなかったこと、できなかったことを認識すると、次への目標ができ、さらなる上達につながります。

(11)「振り返りを話し合う」

　一緒に会話した人同士が、お互いの振り返りを話し合います。相手のよかった点、よくなかった点を意識することにより自分では気がつかなかった点がわかり、学び合うことができます。

凡例
はんれい

(1) 🔊：音声のアイコン
おんせい

　このアイコンがあるところでは、音声を聞いて活動をします。音声は以下の URL のウェブサイト
にあります。番号はトラック番号です。

　URL：https://www.hituzi.co.jp/hituzibooks/ISBN978-4-8234-1147-2_onsei/

　　ユーザー ID：1147onsei

　　パスワード：Connect_5876

(2) 人間関係のアイコン
にんげんかんけい

　会話練習にあるアイコンは、話している人の人間関係を示しています。このアイコンは 7 種類あり、
以下のようになっています。性別は特に示していません。

学校で：| 学校 |
がっこう

👥：友達同士　　　　　　　👥：先輩と後輩　　　　　　　👥：先生と学生
　　ともだちどうし　　　　　　　せんぱいとこうはい　　　　　　　せんせいとがくせい

職場やアルバイト先で：| 職場 |
しょくば　　　　　さき　　しょくば

👥：同僚　　　　　　　　　👥：先輩と後輩　　　　　　　👥：上司と部下
　　どうりょう　　　　　　　　　せんぱいとこうはい　　　　　　　じょうしとぶか

👥：初対面の人やあまり知らない人、また店の人との関係
　　しょたいめんのひと　　　　　し　　ひと　　　　みせのひと　かんけい

また、👥👥は 2 人の会話、👥👥👥は 3 人の会話であることを示しています。
　　　　　　　ふたり　かいわ　　　　　　　　にん　かいわ　　　　　しめ

(3) 💭Q：クエスチョンのアイコン

　各課では考えている人のアイコンになっています。どんな問題や間違いがあるのか、またその理由、
かくか　かんが　　　ひと　　　　　　　　　　　　　　もんだい　まちが　　　　　　　　　　りゆう
よりよいコミュニケーションの会話例などを考えて、理解を深めます。
　　　　　　　　　　　　　　かいわれい　　かんが　　りかい　ふか

(4)「↑」「↗」：文末イントネーション
ぶんまつ

　「↑」は質問文等の文末の上昇イントネーションを表します。「↗」は下がらないほうがいいイント
しつもんぶんなど　ぶんまつ　じょうしょう　　　　　　あらわ　　　　　　　　　さ
ネーションを表します。相手に確認や依頼をする場合や、下がると不自然な場合に付いています。イ
あらわ　　　あいて　かくにん　いらい　　　ばあい　　さ　　　ふしぜん　ばあい　つ
ントネーションについては、「**ウォーミングアップ**」や会話例の音声を聞いて確認して、練習してくだ
かいわれい　おんせい　き　かくにん　れんしゅう
さい。

別冊

「**聞いて答える**」や「**会話例**」など、音声アイコンの付いた個所のスクリプトがあります。音声は以下の URL のウェブサイトにあります。

URL：https://www.hituzi.co.jp/hituzibooks/ISBN978-4-8234-1147-2_onsei/

ユーザー ID：1147onsei

パスワード：Connect_5876

スクリプトの次に凡例（3）😉。Ⓠ の「**よいコミュニケーションの会話例**」が 1 例あります。その他にも使用できる表現がある場合もあります。

目　次
もく　じ

別冊　音声箇所 🔊 のスクリプト
　　　　😋₀Q のよいコミュニケーションの会話例

ウォーミングアップ

ここでは、適切に応答する練習をしてみましょう。

会話文を聞いて、下線部に入れる適切な応答を a)～c) または a)～d) の中から選んでください。答えは 1 つだけではないこともあります。

(1) －知り合いに会って－

音声 1

田中：
ノア：＿＿＿＿＿＿＿。

a) そうです

b) そうですね

c) そうですか

(2) －サークルでノアさんが先輩に－

音声 2

ノア：
先輩：
ノア：＿＿＿＿＿＿＿。

a) そうです

b) そうですね

c) そうですか

(3) －ノアさんがお好み焼きを初めて見て－

音声 3

ノア：
鈴木：＿＿＿＿＿＿＿。

a) そう

b) そうだね

c) そうか

(4) －ノアさんがお好み焼きを初めて見たので、鈴木さんが教えます－

音声4

| 鈴木：
| ノア：＿＿＿＿＿＿＿＿。

a) そう

b) そうだね

c) そうか

(5) －ノアさんは大学1年生です－

音声5

| 先輩：
| ノア：＿＿＿＿＿＿＿＿。

a) そうですよね

b) そうですね

c) そうです

(6) －ノアさんも鈴木さんもヤンさんを知っています－

音声6

| 鈴木：
| ノア：＿＿＿＿＿＿＿＿。

a) そうだよ

b) そうだね

c) そう

(7) －昼12時半ごろ友達に会って－

音声7

| 鈴木：
| ノア：＿＿＿＿＿＿＿＿。

a) うん、まだ

b) ううん、まだ

c) んー、まだ

(8) －レストランでメニューを見ながら－

音声8

| 鈴木：
| ノア：＿＿＿＿＿＿＿＿。

a) うん、何にしよう

b) ううん、何にしよう

c) んー、何にしよう

2

(9) －サークルで－

> 先輩：
> ノア：へー、おめでとうございます。＿＿＿＿＿＿＿。

a) いいです

b) いいですね

c) よかったです

d) よかったですね

(10) －サークルで－

> 田中：
> ノア：＿＿＿＿＿＿＿。

a) ええ、いいです

b) ええ、いいですね

c) ええ、よかったです

d) ええ、よかったですね

(11) －サークルで－

> ノア：
> 田中：
> ノア：＿＿＿＿＿＿＿。

a) そうですか

b) そうなんですか

c) なるほど

(12) －サークルで－

> ノア：
> 田中：
> ノア：＿＿＿＿＿＿＿。

a) なるほど

b) なるほどです

c) なるほどですね

(13) －コンビニでお弁当を買って－

音声 13

| 店員：
| ノア：＿＿＿＿＿＿＿。

a) はい、大丈夫です

b) はい、お願いします

c) はい、おつけしてください

(14) －カフェのレジで－

音声 14

| 店員：
| ノア：＿＿＿＿＿＿＿。

a) はい、これです

b) はい、どうぞ

c) はい、お持ちです

(15) －先輩にごちそうになって－

音声 15

| 先輩：
| ノア：＿＿＿＿＿＿＿。

a) 大丈夫です

b) いいです

c) おいしかったです

日本語の会話の特徴 −「相づち」と「終助詞」

● 「相づち」とは？

　話をしている相手に対して、聞いている人が「聞いていますよ」「わかります」「関心があります」「話を続けてください」という意味を持った短い表現（または、うなずきなどの動き）を入れます。「はい」「うん」「ええ」「そうなんだ」「そうそう」「へえ」「本当」など、いろいろなものがあります。これらを「相づち」と言います。

　相づちは、話す人が話しやすいように、会話の進行を助けます。聞いている人も一緒に会話を作ることになります。（各課のポイントでは、「応答」のところに「相づち」を入れています。）

　刀を作る2人の職人が、交互に「槌」を打ち合わす様子から「相づち」と言われます。

●終助詞とは？

　「これ、おいしいです<u>ね</u>」「ペンが落ちた<u>よ</u>」のように、文の終わりに「ね」や「よ」などがつくことがあります。他にも「か」「なあ」、「よ」と「ね」が組み合わさった「よね」などがあり、文末イントネーションも上がったり下がったりします。これらは「終助詞」や「文末詞」と呼ばれ、会話の相手にいろいろな気持ちを伝える働きがあります。親しい人との会話で多く使われます。改まった場で話す時には、使い方に注意したほうがいいです。またレポートや報告書などの書き言葉では使いません。

　（例）「これ、おいしいです<u>ね</u>」（共感を示す）

　　　「これ、あなたのものです<u>ね↗</u>）」（確認する）

　　　「会議は3時からです<u>よね↗</u>」（確認する…「ね↗」よりも不確かな気持ちのとき）

　　　「ペンが落ちた<u>よ↗</u>」（注意を促す）

　　　「そんな話、聞いてない<u>よ</u>」（主張する）

関心を示して自己紹介をする
（かんしんしめ　じこしょうかい）

話しかけられる
（はな）

－サークルで－
自己紹介しなきゃ。
（じこしょうかい）
何年生かな？学部はどこだろう。
（なんねんせい）（がくぶ）

－職場で－
（しょくば）
先輩に話しかけられた。
（せんぱいはな）
名前を覚えてもらおう。
（なまえおぼ）

－クラスで－
初対面の人に話しかけられた。
（しょたいめんひとはな）
何と答えよう。
（なんこた）

あなたは、どんなときに
自己紹介をしなければなりませんか。
（じこしょうかい）

話してみる
（はな）

クラスメートとお互いに自己紹介をしてみてください。自己紹介をする時、何に気を付けて話します（たが　じこしょうかい）（じこしょうかい　とき　なに　き　つ　はな）か。

振り返る
（ふ　かえ）

どうでしたか。コミュニケーションはうまくいきましたか。自分のことをわかってもらえるように（じぶん）話せましたか。相手に関心を示すような応答ができましたか。（はな）（あいて　かんしん　しめ　おうとう）

聞いて答える
（き　こた）

音声 16
（おんせい）

次の状況で音声のように、知らない人に話しかけられます。何と答えますか。（つぎ　じょうきょう　おんせい　し　ひと　はな）（なん　こた）
(1) －オリエンテーションで隣に座った人に話しかけられます－
（となり　すわ　ひと　はな）
(2) －サークルの集まりで近くにいる人と目が合って、話しかけられます－
（あつ　ちか　ひと　め　あ　はな）

練習 会話が続く応答をする

学校 (1)－オリエンテーションで隣に座った人に話しかけられる－

鈴木：あの、留学生さんですか↑

ヤン：はい。中国から来たヤンです。　　　　　　　　　　　▶ 応答し情報を追加する

鈴木：ヤンさんですか。鈴木です。

ヤン：鈴木さんですね↗　　　　　　　　　　　　　　　　▶ 確認する

鈴木：ええ。ヤンさん、日本にはもうどのくらいいるんですか↑

ヤン：①1年ぐらいです。

鈴木：あーそうなんですか。②それで、日本語が上手なんですね。　▶ 応答しコメントする

　　　　　　　　：

1）①もう3年ぐらいです。　　　　　　②それで、日本語が自然なんですね。

2）①先月来たばかりです。　　　　　　②それなのに、日本語が上手ですね。

3）①1年ぐらいです。去年の4月に来たんです。　②それで、日本語がスムーズなんですね。

☝ **上の会話を使って、自分たちの会話をしてみよう。**

学校 (2)－サークルの集まりで近くにいる人と目が合って、話しかけられる－

鈴木：(ヤンを見て)あ、鈴木です。

ヤン：ヤンです。

鈴木：ヤンさんですか。どこから来たんですか↑

ヤン：中国の上海です。　　　　　　　　　　　　　　　　▶ 詳しく答える

鈴木：そうですか。日本にはどのくらいですか↑

ヤン：①6か月ぐらいです。少し慣れてきたところです。　▶ コメントする

鈴木：あーそうなんですか。②日本の生活はどうですか↑

　　　　　　　　：

1）①先月来たばかりです。まだわからないことが多いんです。②日本の生活では何が大変ですか↑

2）①もう丸1年になります。桜も紅葉も見ました。

　②じゃ、もう日本の生活にも慣れましたよね。

3）**職場**

　①もう5年目になります。でも、この4月に入社したばかりなんです。

　②会社には少し慣れましたか↑

☝ **上の会話を使って、自分たちの会話をしてみよう。**

(3)－初めて会った人に話しかけられる－

山田：おはようございます。山田です。

イー：おはようございます。韓国からまいりました、イーと申します。 　　　　　　➤ 情報を追加する

　　　よろしくお願いいたします。

山田：こちらこそ、よろしく。日本には長いんですか↑

イー：①いいえ、9月に来たばかりなんです。 　　　　　　　　　　　　　➤ 情報を追加する

山田：あ、そうなんですか。②日本の生活に慣れるまで大変でしょう。 　　➤ 応答しコメントする

　　　　　　：

1）①はい、もう3年目になります。　　　　　　　　②じゃ、いろいろな経験をしたでしょう。

2）①はい。高校を卒業して来たので、4年くらいです。　②じゃ、すっかり慣れたでしょう。

3）①いえ、まだ半年なんです。去年の秋に来ました。　②じゃ、まだ慣れないこともあるでしょう。

☞ **上の会話を使って、自分たちの会話をしてみよう。**

Q1 初対面の人にイーさんの話題は適切ですか？

山田：はじめまして。山田と申します。

イー：はじめまして。イーです。よろしくお願いいたします。

山田：よろしくお願いします。

イー：山田さんは、おいくつですか↑

山田：…。

Q2 ノアさんの応答は正しいですか？

ノア：どこから来たんですか↑

ヤン：中国の四川省です。

ノア：そうですね。

話しかける

－サークルで－
何年生かな？
わからないけど、話してみよう。

－クラスで－
友達になりたい。
話しかけてみよう。

－アルバイト先で－
先輩に自分から挨拶をしよう。
まず仕事に慣れないと。

あなたは自己紹介をする時、
何と言って話しかけますか。

練習1　自分から自己紹介をする

学校 (1)－オリエンテーションで隣に座った人に話しかける－

リー：①はじめまして。リーと言います。　　　　　　　　挨拶し自己紹介を始める

鈴木：はじめまして。わたしは鈴木と言います。

リー：鈴木さんですね↗　　　　　　　　　　　　　　　確認する

鈴木：はい、そうです。

リー：私は②韓国から来ました。　　　　　　　　　　　情報を追加し質問する
　　　鈴木さんは②韓国に行ったことがありますか↗

鈴木：はい。③ソウルに行ったことがありますよ↗
　　　　　　　　　　　：

1)①おはようございます。わたしはグェンと言います。　②ベトナム　③ハノイ

☞上の会話を使って、自分たちの会話をしてみよう。

学校 (2)－サークルの集まりで近くにいる人と目が合って、話しかける－

ヤン：（キムを見て）あ、おはようございます。ヤンと申します。　　　　挨拶し自己紹介を始める

キム：はじめまして。キムです。

ヤン：キムさんですか。どこから来たんですか↑　　　　応答し質問する

キム：韓国です。

ヤン：あーそうですか。わたしは中国から来ました。　　　　応答し情報を追加する

　　　キムさんは、日本にはどのくらいですか↑　　　　質問する

キム：6か月ぐらいです。

ヤン：あーそうなんですか。日本の生活はどうですか↑　　　　応答し質問する

　　　　：

1）はじめまして。ヤンと申します。

☞ 上の会話を使って、自分たちの会話をしてみよう。

練習2　相手に関心を示す

職場 (1)－相手の出身地について聞く－

　　　　：

ノア：どこからいらしたんですか↑　　　　質問する

ヤン：①中国です。

ノア：あ、そうですか。①中国のどの辺ですか↑　　　　応答し、さらに質問する

ヤン：②四川省です。

ノア：③あー、四川料理で有名な所ですね。　　　　コメントや質問をする

　　　　：

1）①インドネシア　②スラバヤという町です。　　③スラバヤですか。どんな所ですか↑

2）①ポーランド　②トルンという所から来ました。　③へー、トルンは大きい町ですか↑

3）①韓国　②出身は釜山なんですが、ソウルに住んでいました。

　　③釜山は港も大きいし、映画祭で有名ですね。

☞ 上の会話を使って、自分たちの会話をしてみよう。

学校 (2)－相手の専門や専攻について聞く－

　　　　：

キム：①専門／専攻は何ですか↑　　　　質問する

リー：②文学です。

キム：そうですか。③日本の文学とかですか↑　　　　さらに質問する

リー：④いいえ、主にイギリス文学を勉強しています。でも、今は日本語を
　　　勉強して(い)るんです。

キム：そうなんですか。

　　　　：

1）①学部はどちらですか↑　　②工学部　　　③工学部では何を勉強しているんですか↑
④建築を専攻しています。日本の古い建築物に興味があるんです。
2）🗨👤職場
①所属はどちらですか↑　　②研究開発部　　　③どんな研究開発ですか↑
④紙やバイオプラスチックの容器などを開発しています。
☝上の会話を使って、自分たちの会話をしてみよう。

練習3　他の人に紹介されて自己紹介する

🗨👤👤職場　−アルバイト先で−

伊藤：林さん、①今度新しく入るノアさんです。
ノア：②3月にアメリカから来ました、ノアです。
　　　よろしくお願いいたします。
　林：③こちらこそよろしく。林です。
　　　　　⋮

> 情報を追加し自己紹介する

1）①新しく入ったアリさん　　　　　②今日からお世話になります。アリと申します。
③こちらこそよろしくお願いします。
2）−職場のパーティーで−
①こちらはマレーシアから来たタンさん　②今年入社したタンと申します。
③こちらこそよろしくお願いします。
☝上の会話を使って、自分たちの会話をしてみよう。

練習4　自己紹介の会話を終わらせる

🗨👤学校　−オリエンテーションで隣の席の人と話している−
　　　　⋮

鈴木：あ、そろそろ授業が始まりますね。
ヤン：そうですね。じゃ、これからよろしくお願いします。
鈴木：こちらこそよろしくお願いします。

> 会話を切り上げる
> 会話を終わらせる

1）🗨👤職場
そろそろ会議が始まりますね。
☝上の会話を使って、自分たちの会話をしてみよう。

会話例 1：－サークルに新しく入った留学生ノアが先輩田中に紹介される－
（かいわれい）　　　　（あたら）（はい）（りゅうがくせい）　　（せんぱいたなか）（しょうかい）

会話例 2：－職場の懇親会で初めて会った人と話す－
（かいわれい）　　　（しょくば）（こんしんかい）（はじ）（あ）（ひと）（はな）

使ってみよう
（つかってみよう）

○会話で使う言葉
（かいわ）（つか）（こと）

・「どこから**いらした**んですか」「いら**っしゃった**」⇒「いら**した**」

　「いら**っしゃって**」⇒「いら**して**」

・「勉強し**て(い)る**んです」「〜**ている**」⇒「〜**てる**」（「い」の脱落）
（べんきょう）　　　　　　　　　　　　　　　　　　　　　　　　　　（だつらく）

　「勉強し**ている**んです」⇒「勉強し**てる**んです」
　（べんきょう）　　　　　　　　　（べんきょう）

　「読ん**でいる**」⇒「読ん**でる**」
　（よ）　　　　　　　（よ）

・「知りたい**んで**」（会話例 1）「〜**ので**」⇒「〜**んで**」
（し）　　　　　　（かいわれい）

　「アメリカのことを知りたい**ので**」⇒「知りたい**んで**」
　　　　　　　　　　　　（し）　　　　　　　（し）

○関連語彙・表現
（かんれんごい）（ひょうげん）

・**出身**：「ご出身は（どちらですか）↑／出身はどこですか↑」
　（しゅっしん）（しゅっしん）　　　　　　（しゅっしん）

・**先輩・後輩・同僚**：「こちら、先輩の田中さんです」
　（せんぱい）（こうはい）（どうりょう）　　　（せんぱい）（たなか）

・**所属**：「所属はどちらですか↑」
　（しょぞく）（しょぞく）

・**知り合い**：「お 2 人はお知り合いですか↑」
　（し）（あ）　　（ふたり）（し）（あ）

・**慣れる**：「新しい学校／新しい環境／現地の習慣に慣れる」「日本の生活に慣れてきた」
　（な）　　（あたら）（がっこう）（あたら）（かんきょう）（げんち）（しゅうかん）（な）　（にほん）（せいかつ）（な）

・**世話になる**：「これからお世話になります」「いつもお世話になっています」
　（せわ）　　　　　　　　（せわ）　　　　　　　　　　　（せわ）

・**紹介する**：「山田さん、リーさんをご紹介します」「山田さんに紹介したい人がいます」
　（しょうかい）（やまだ）　　　　　　　（しょうかい）　（やまだ）（しょうかい）（ひと）

・「お会いできて嬉しいです」
　（あ）　　　（うれ）

・「マイケルと申します。マイクと呼んでください」　　×「〜と呼んでもいいです」
　　　　　（もう）　　　　　　（よ）　　　　　　　　　　　　　（よ）

この課のポイント
（か）

①相手に関心があることを示せるように、また関心を持ってもらえるように、質問したり情報を追加
（あいて）（かんしん）（しめ）　　　　（かんしん）（も）　　　　　　　　（しつもん）（じょうほう）（ついか）
　したりする。

②相手の話をよく聞き、関心があることを示せるような応答をする。
（あいて）（はな）（き）（かんしん）（しめ）　　　　（おうとう）

③失礼にならないように適切な話題を選んで話す。
（しつれい）　　　　　　（てきせつ）（わだい）（えら）（はな）

会話する

会話例を参考にし、この課で学んだことを応用して会話してみましょう。
下のタスクカードをよく読んで、2人で始めから終わりまで会話します。
1回終わったら、話しかける人と話しかけられる人を交替してもう1度会話しましょう。

タスクカードA:
クラスメートに話しかける

今日はオリエンテーションです。あなたは今教室にいます。友達が欲しいと思っています。近くにいる人に話しかけて、自己紹介をしてください。お互いのことがわかるようにいろいろ話してください。

タスクカードB:
クラスメートに話しかけられる

今日はオリエンテーションです。あなたは今教室にいます。友達が欲しいと思っています。近くにいる人に話しかけられます。自己紹介をしてください。お互いのことがわかるようにいろいろ話してください。

タスクカードA:
立場がわからない人に話しかける

あなたは新入社員です。会社の歓迎会で近くにいる人に自己紹介をしてください。その人は若そうですが、どんな立場の人か、何歳ぐらいか知りません。お互いのことがわかるようにいろいろ話してください。

タスクカードB:
新入社員に話しかけられる

あなたは会社に入って3年目の会社員です。今日は新入社員の歓迎会です。初めて会った人が話しかけます。自己紹介をしてください。その人がどんな人か、何歳ぐらいか知りません。お互いのことがわかるようにいろいろ話してください。

振り返る

どうでしたか。よいコミュニケーションができましたか。自分の会話を振り返って以下の振り返りシートに書き込んでください。

[○：できた △：まあまあ ×：できなかった]

第1課 関心を示して自己紹介をする 振り返りシート		
話しかけられる	・話しかけられて、情報を追加して答えられたか。	○ △ ×
話しかける	・相手に関心を示せるような応答ができたか。	○ △ ×
	・相手に関心を示せるように質問したりコメントしたりできたか。	○ △ ×
全体	・勉強した表現をいろいろ使ってみたか。	○ △ ×
	・お互いのことがわかるようにたくさん話せたか。	○ △ ×
	・相手の言ったことがわからない時、確認や聞き返しをしたか。	○ △ ×
	・相手の話を聞いている時、いろいろな相づちをうったか。	○ △ ×
	・会話を適切に終わらせることができたか。	○ △ ×
コメント	よかった点：_____ よくなかった点：_____	

振り返りを話し合う

それぞれどのように振り返ったかを、会話した相手と話し合ってみましょう。

気持ちを配慮して誘う・誘われる

誘う

友達をお花見に誘おう。
きっと一緒に行くと思う。

友達を野球の試合に誘おう。
興味があるかな？

友達を歌舞伎に誘おう。
でも興味がないかもしれない。

あなたは友達を誘って、
何をしたいですか。

話してみる

　みなさんが今、行きたいところやしたいことにクラスメートを誘ってみてください。相手の気持ちや状況を配慮して誘ってください。

振り返る

　どうでしたか。コミュニケーションはうまくいきましたか。相手の気持ちを考えて誘えましたか。相手のどんな気持ちや状況を考えて話しましたか。

聞いて答える

音声 19

　友達と話している時に、友達が音声のように言いました。(1)と(2)の場合、それぞれ何と言いますか。

(1)－共感（同じ気持ち）を表す時－
(2)－何か提案をする時－

練習1　**相手の気持ちや状況を考えて誘う**

👥👥 学校 (1) －友達が誘いを受けるだろうと思って誘う－

ヤン：どこか行きたいなあ。

鈴木：ヤンさん、①桜が咲いたら、②お花見に行ってみない↑ ◀ 状況を説明しすぐに誘う

ヤン：③お花見か、いいね。

　　　　：

1) ①今週末あたり紅葉が見られるみたいなんだけど　　　②一緒に行かない↑
　　③いいね。みんな誘って行こう。

2) ①この近くに新しいラーメン屋ができたんだけど　　　②行ってみようか。
　　③行こう行こう。私（ぼく／おれ）も行きたいと思ってたんだ。

3) ①友達とハイキングに行くんだけど　　　②一緒に行こうよ。
　　③ハイキング。どこ行くの↑

👆 上の会話を使って、自分たちの会話をしてみよう。

👥👥 学校 (2) －友達が誘いを受けるかどうかわからないと思って誘う－

ノア：キムさん、久しぶり。元気↑

キム：うん、元気。ノアさんは↑

ノア：元気だよ。あのさ、キムさん、①日本映画好き↑ ◀ 相手の好みや都合を配慮する

キム：②うん、好きだけど。

ノア：よかった。③割引券があるんだけど、一緒に行かない↑ ◀ 気持ちを伝える 状況を説明し誘う

キム：え、ほんと。④ちょうど映画見たいと思ってたんだ。

　　　　：

1) ①土曜日の晩、空いてる↑　　　②今のところ予定ないけど。
　　③みんなでパーティーをしようと思ってるんだけど、よかったら来ない↑
　　④楽しそう。もちろん行く。

2) ①今度の日曜日、予定ある↑　　　②ううん、特にないけど。何↑
　　③野球の試合があるんだけど、野球が好きなら一緒に行きたいなと思って。
　　④野球大好き。行きたい。

3) ①日本の伝統文化に興味ある↑　　　②うん、あるけど。
　　③歌舞伎に誘われたんだけど、都合がよかったら一緒に行かないかなと思って。
　　④歌舞伎は見たことないから、見てみたい。

👆 上の会話を使って、自分たちの会話をしてみよう。

(3) －友達が誘いを受けないかもしれないと思って誘う－

リー：田中さん、今度の土曜日予定ある↑　　　　　　　　　　予定を聞く

田中：え、なんで↑

リー：茶道を習っているバイトの同僚にお茶会に誘われたんだけど。　状況を説明する

田中：そう、よかったね。

リー：うん。興味はあるんだけど、初めてなんで、よくわからないんだ。　さらに状況や理由を説明する。

田中：あ、そうなんだ。

リー：それで、一緒に行かないかなと思って。だめならいいんだけど。　断っていいことを伝え誘う

田中：お茶会か。実は、私（ぼく／おれ）もよくわからないんだけど。

リー：そうかあ。（－がっかりした様子－）

田中：でも、付き合うよ。

リー：ほんと↑よかった。ありがとう。　　　　　　　　　　気持ちを伝え会話を終わらせる

上の会話を使って、自分たちの会話をしてみよう。

練習2　目上の人を誘う

学校　－先生が誘いを受けるかどうかわからないと思って誘う－

ノア：先生、今ちょっとよろしいですか↑　　　　　　　　都合を聞く

先生：うん、いいけど、何↑

ノア：大学祭の時に津軽三味線のコンサートを企画しているんですけど。　状況を説明する

先生：へー、すごい。

ノア：よかったら／よろしければ、聞きにいらっしゃいませんか↑　配慮して誘う

先生：津軽三味線か。いいね。

ノア：とってもいいですよ↗　お時間があれば、ぜひ。　　　配慮して勧める

先生：うん。いつやるの↑

ノア：来週の土曜日の2時からです。場所は「記念ホール」です。

先生：来週の土曜日の2時ね↗　たぶん行けると思う。

ノア：ありがとうございます。では、お待ちしています。　　気持ちを伝え会話を終わらせる

上の会話を使って、自分たちの会話をしてみよう。

Q　ヤンさんの表現で誘えますか？

学校　－先輩を映画に誘う－

ヤン：田中さん、映画行きたいですか↑

田中：えっ。

誘われる
（さそ）

お花見に誘われた。
（はなみ）（さそ）
きっときれいだろうな。
行きたい。
（い）

野球の試合に誘われた。
（やきゅう）（しあい）（さそ）
野球か…。
（やきゅう）
サッカーならいいけど。

お祭りに誘われた。
（まつ）（さそ）
おもしろそう。でも忙しい。
（いそが）

友達に誘われた時、
（ともだち）（さそ）（とき）
どのように答えますか。
（こた）

考える
（かんが）

みなさんは、友達に誘われて、喜んで誘いを受ける時、何と言いますか。
（ともだち）（さそ）（よろこ）（さそ）（う）（とき）（なん）（い）

練習1　喜んで誘いを受ける
（れんしゅう）（よろこ）（さそ）（う）

🗣🗣 学校
（がっこう）

　鈴木：ヤンさん、桜が咲いたら、お花見に行こうよ。
　（すずき）（さくら）（さ）（はなみ）（い）
　ヤン：お花見↑、もちろん行く／行きたい／行く行く。
　（はなみ）（い）（い）（い）

気持ちを伝え受ける
（きも）（つた）（う）

　　　　　…

1) 私（ぼく／おれ）も行きたいと思ってたんだ。
　（わたし）（い）（おも）

2) ちょうど行きたいと思ってたんだ。
　（い）（おも）

☝上の会話を使って、自分たちの会話をしてみよう。
（うえ）（かいわ）（つか）（じぶん）（かいわ）

聞いて答える1
（き）（こた）

音声 20
（おんせい）

次の会話を聞いてください。行きたいけれど行けない時、何と答えますか。
（つぎ）（かいわ）（き）（い）（い）（とき）（なん）（こた）

相手が嫌な気持ちにならないように断る

👥🏫 **(1)－気持ちを伝え、理由を言って断る－**

鈴木：おはよう。

ノア：あ、鈴木さん。おはよう。

鈴木：あのさ、①<u>ノアさんは日本のお祭りに興味ある↑</u>

ノア：②<u>うん、もちろん。</u>

鈴木：③<u>今度の土曜日に「よさこい」っていうお祭りがあるんだけど、行ってみない↑</u>

ノア：④<u>え、ほんと。あー、すっごく行きたいんだけど、</u>
　　　<u>アルバイトがあるんだ。</u>　　　　　　　▸ 気持ちを伝え理由を言って断る

鈴木：そっかあ。残念だな。

　　　　　　　⋮

1) 👥🏫

　①浮世絵展、今週末で終わるみたいだね。　　②そうだよね。

　③私（ぼく／おれ）見てないんだけど、一緒に見に行かない↑

　④ごめん。一緒に行きたいんだけど、もう見ちゃったんだ。

2) 👤🏫 **－先輩に誘われて－**

　①今週の土曜日に、みんなでハイキングに行くことになったんだけど。

　②あ、そうなんですか。　　　　　　　③都合がよかったら、参加しない↑

　④すみません。すごく残念なんですけど、今週の土曜日は都合が悪くて…。

👆 **上の会話を使って、自分たちの会話をしてみよう。**

👥🏫 **(2)－好みが違うことを伝えて断る－**

田中：あ、授業終わった↑

リー：うん、終わった。

田中：お疲れ。あのさ、リーさんは①<u>野球の試合見たことある↑</u>

リー：ううん、ないけど。

田中：②<u>プロ野球の試合のチケット、もらったんだけど、野球見に</u>
　　　<u>行かないかなと思って。</u>

リー：③<u>野球ね。サッカーだったら／なら、行くんだけど。</u>　　▸ 好みが違うことを伝え断る

田中：そっか。

リー：ごめんね。誘ってくれたのに。　　　　　　▸ 気持ちを配慮する

田中：いや、大丈夫だよ。じゃ、④<u>今度サッカーの試合、見に行こう。</u>

リー：うん、また誘ってね。ありがとう。　　　　▸ 気持ちを伝え会話を終わらせる

田中：じゃ、またね。

1)　①今度の土曜日、何か予定ある↑

　　②みんなでカラオケに行くんだけど、リーさんも一緒に

　　③んー。カラオケじゃなかったら行くんだけど。

　　④また今度ほかのことに誘うね。

👆 **上の会話を使って、自分たちの会話をしてみよう。**

ノアさんの答え方で、ヤンさんはどんな気持ちになると思いますか？

ヤン：「ドリーム」っていう映画やっているんだけど、一緒に見に行かない↑
ノア：ううん、興味ないから行かない。

聞いて答える2
音声21

アルバイト先の先輩が次のようにあなたに言いました。何と答えますか。

(1) －誘いを受ける場合－

(2) －誘いを断る場合－

練習3　目上の人の誘いに答える

職場 (1) －アルバイト先の先輩の誘いを受ける－

先輩：リーさん、実は、今度の土曜日にみんなでバーベキューをしようと
　　　思っているんだけど、どう、来られます↑

リー：<u>ええ。ありがとうございます。喜んで。</u>　　　　　　　　気持ちを伝え受ける

⋮

1) はい。是非。ありがとうございます。

☞ **上の会話を使って、自分たちの会話をしてみよう。**

職場 (2) －アルバイト先の先輩の誘いを断る－

先輩：リーさん、実は、今度の土曜日にみんなでバーベキューをしようと
　　　思っているんだけど、どう、来られます↑

リー：ありがとうございます。せっかくなんですが、先約がありまして…。　気持ちを伝え理由を言って断る

⋮

1) すみません、その日は名古屋に行くことになっているんです。

2) 参加したいんですが、ライブのチケットが買ってありまして…。

☞ **上の会話を使って、自分たちの会話をしてみよう。**

会話例を聞く
音声22、音声23

会話例1：－友達の好みをよく知らないが、友達を誘う－

会話例2：－アルバイト先の先輩に誘われる－

使ってみよう

○会話で使う言葉

- ・「思ってたんだ」「～ていた」⇒「～てた」　（「い」の脱落）

  「思っていた」⇒「思ってた」

  「空いている↑」⇒「空いてる↑」

- ・「そっか」「～うか」⇒「～っか」

  「そうか」⇒「そっか」

  「しようか」⇒「しよっか」

- ・「見ちゃったんだ」「～てしまった」⇒「～ちゃった」

  　　　　　　　　　「～でしまった」⇒「～じゃった」

  「見てしまった」⇒「見ちゃった」

  「行ってしまった」⇒「行っちゃった」

  「飲んでしまった」⇒「飲んじゃった」

- ・「ありまして」「～ます」⇒「～まして」

  「あります」⇒「ありまして」

- ・「私」「ぼく／おれ」　自分を指す表現。「ぼく／おれ」は男性っぽい表現とされていて、

  　　　　　　　　　　　　「おれ」は、くだけた表現。

○関連語彙・表現

- ・都合：「ご都合はいかがですか↑」「都合はどうですか↑」「都合はどう↑」

  都合がいい：「ご都合がよろしかったら、いらっしゃいませんか↑」

  　　　　　　「都合がよければいっしょに行こう」

  都合が悪い：「その日は都合が悪いんだ」

  都合がつく／都合をつける：「どうしても都合がつかない」「なんとか都合をつける」

- ・楽しみ／楽しむ

  楽しみ：「楽しみ！」「楽しみです」「楽しみにしてる（ね）」「楽しみにしています」

  　　　　「楽しみにしております」（自分が期待している時に言う）

  楽しむ：「楽しんで（ね）」「楽しんでください」「楽しんで来てください」（自分が誘い

  　　　　を断った時などに、相手に言う）

- ・声

  声をかける（誘う）：「また声をかけて」「また声をかけてください」（断った時などに）

  声がかかる（誘われる）：「先輩から声がかかった」

  声を出す：「声を出して読んでください」

この課のポイント

①興味や都合など、相手の気持ちや状況を配慮して誘う。

②期待通りの返事がない時、その場の雰囲気が悪くならないように配慮した応答をする。

③誘いを受ける時や断る時、誘ってくれた人の気持ちを配慮して、気持ちを伝える。

会話する

会話例を参考にし、この課で学んだことを応用して会話してみましょう。
下のタスクカードをよく読んで、2人で始めから終わりまで会話します。
1回終わったら、誘う人と誘われる人を交替してもう1度会話しましょう。

タスクカードA:
友達を誘う

あなたが今、行きたいところやしたいことに友達を誘ってください。あなたは友達がそのことに興味があるかわかりません。相手が誘いを受けた場合は、会う時間や場所など実際に必要なことを話してください。

タスクカードB:
友達に誘われる

友達に誘われます。あなたはそのことにあまり興味がありません。相手の話を詳しく聞いて、行くかどうか決めてください。行く場合は、会う時間や場所など実際に必要なことを相談してください。

タスクカードA:
先輩を誘う

学校や職場などの行事に先輩を誘ってください。あなたは先輩がその行事に興味があるかわかりません。相手が誘いを受けた場合は、会う時間や場所など実際に必要なことを話してください。

タスクカードB:
後輩に誘われる

後輩に誘われます。あなたはそのことにあまり興味がありません。相手の話を詳しく聞いて、行くかどうか決めてください。行く場合は、会う時間や場所など実際に必要なことを相談してください。

振り返る

どうでしたか。よいコミュニケーションができましたか。自分の会話を振り返って以下の振り返りシートに書き込んでください。

[○：できた △：まあまあ ×：できなかった]

	第2課　気持ちを配慮して誘う・誘われる　振り返りシート			
誘う	・相手の気持ちや状況を配慮して誘えたか。	○	△	×
	・断られた時、雰囲気が悪くならないように返事ができたか	○	△	×
誘われる	・誘った人の気持ちに配慮して、自分の気持ちを伝えられたか。	○	△	×
	・断る時、相手が嫌な気持ちにならないように断れたか。	○	△	×
全体	・勉強した表現をいろいろ使ってみたか。	○	△	×
	・相手にわかりやすい順序で話せたか。	○	△	×
	・相手の言ったことがわからない時、確認や聞き返しをしたか。	○	△	×
	・相手の話を聞いている時、いろいろな相づちをうったか。	○	△	×
コメント	よかった点：＿＿＿＿＿＿＿＿＿＿＿＿＿＿＿＿＿＿＿＿＿＿＿＿＿＿＿＿			
	よくなかった点：＿＿＿＿＿＿＿＿＿＿＿＿＿＿＿＿＿＿＿＿＿＿＿＿＿			

振り返りを話し合う

それぞれどのように振り返ったかを、会話した相手と話し合ってみましょう。

謝る

友達と約束したのに、寝坊しちゃった。

あー、借りた本、汚しちゃった。

あれ？借りた漫画、なくしちゃった。

あなたはどんなことで謝ったことがありますか。

話してみる

「友達と待ち合わせの約束をしたが、その約束の時間に間に合わない」という時の電話での会話をしてください。

振り返る

どうでしたか。うまくいきましたか。自分の状況を説明しましたか。相手の気持ちを考えて、謝ったり謝られたりしましたか。

考える

友達や職場の人との約束の時間に間に合わない時、電話やチャットなどで何と伝えますか。

練習1 相手の気持ちを考えて謝る

😀😀 学校 (1) －友達との約束の時間に遅れるので電話をかける－

鈴木：もしもし、ヤンさん↑　①遅れてごめん。　　　　　　　　まず謝る

ヤン：②どうしたの↑　今、みんなで待ってるんだけど…。

︙

1)　①遅くなってごめん／ごめんね。　　　　　②どこにいるの↑

2)　①ごめん、約束の時間に間に合わないんだ。　②何かあった↑

☞ **上の会話を使って、自分たちの会話をしてみよう。**

😀😀 学校 (2) －借りた物を汚して／壊して謝る－

ノア：あのう、①昨日借りた本のことなんだけど。　　　　　　用件を提示する

ヤン：うん、どうかした↑

ノア：実は、②今朝読んでる時にコーヒーをこぼして、汚しちゃったんだ。　事情を説明し謝る
　　　ごめん／ごめんね。

︙

1) 😀😀 学校

　①昨日貸してもらった傘のことなんだけど。

　②風が強くて壊れちゃったんだ。ほんとにごめん／ほんとごめんね。

2) 😀😀 職場

　①この間送ってもらった資料のことなんですけど。

　②本当に悪いんですけど／本当に申し訳ないんですけど、そのメールが見つからないんです。

☞ **上の会話を使って、自分たちの会話をしてみよう。**

練習2 気持ちを伝えながら、理由を説明する

😀😀 学校 (1) －友達との約束の時間に遅れるので電話をかける－

鈴木：遅れてごめん。

ヤン：どうしたの↑　今、みんなで待ってるんだけど…。

鈴木：ごめん。実は寝坊しちゃって、まだうちにいるんだ。　　謝る。気持ちを伝え理由を説明する

︙

1)　人身事故で地下鉄が止まっちゃって、まだ地下鉄の中なんだ。

2)　反対方向に行く電車に乗っちゃって…。

3)　道に迷っちゃって…。あと15分ぐらいで着くと思う。

☞ **上の会話を使って、自分たちの会話をしてみよう。**

👥👥 職場 (2) －ミーティングの時間に間に合いそうにないので同僚に電話をかける－

マン：もしもし、マンです。

佐藤：あー、マンさん。

マン：申し訳ないんですが、ミーティングの時間に ①間に合いそうに
　　　ないんです。　　　　　　　　　　　　　　　▸ 気持ちを伝え事情を説明する

佐藤：えっ、どうしたの↑

マン：②今朝の停電の影響で電車が遅れているんです。早めに出たんです
　　　が、すみません。　　　　　　　　　　　　　▸ 理由を説明し謝る

　　　　　⋮

1)　①間に合わないと思うんです。

　　②車が渋滞していて、なかなか動かないんです。申し訳ありません。

👆 上の会話を使って、自分たちの会話をしてみよう。

👥👥 学校 (3) －借りた物をなくしたことを友達に話す－

キム：あのう、実は謝らなくちゃならないんだけど。　▸ 用件を提示する

ノア：え、何↑

キム：ノアさんに借りた①漫画が見つからなくて。　▸ 事情を説明する

ノア：えー、なくしたの↑

キム：…かもしれない。

ノア：ちゃんと探した↑　どこかにあるんじゃない↑　かばんの中とか、
　　　部屋とか。

マン：うん、探したけど、見つからないんだ。

ノア：え、困るなあ。あれ、もう買えないと思うから。

キム：②大事なものなのに、本当にごめん。　　　　▸ 気持ちを配慮して謝る

ノア：うん。

キム：同じ物が買えるかもしれないと思って、今ネットで探してるんで、
　　　もうちょっと待ってくれる↑

ノア：うん、わかった。もしかしたら、どっかにあるかもしれないしね。

キム：うん、部屋ももう少し探してみるから。本当にごめん。
　　　　　　　　　　　　　　　　　　　　　　　　▸ もう1度謝り会話を終わらせる

　　　　　⋮

1)　①日本語の漫画　　　　　　　②せっかく貸してくれたのに、ごめん／ごめんね。
2)　①写真集　　　　　　　　　　②貴重なものなのに、ごめんなさい／申し訳ない。

👆 上の会話を使って、自分たちの会話をしてみよう。

(4)－約束したことに行けなくなったことを同僚に話す－

マン：佐藤さん、今ちょっといいですか↑　　　　　　　　　◀ 都合を聞く

佐藤：うん、いいですけど。

マン：あの、①明日の飲み会のことなんですけど。　　　　◀ 用件を提示する

佐藤：どうかしました↑

マン：②急に悪いんですけど、急用ができて行けなくなっちゃったんです。　◀ 気持ちを伝え事情を説明する

佐藤：え、そうなんですか。

マン：申し訳ありません。　　　　　　　　　　　　　　　◀ 謝る

　　　大丈夫ですか↑　予約してあるんですよね。　　　　◀ 相手の状況を配慮する

佐藤：うん。まだ大丈夫だと思いますよ。

　　　１人キャンセルしときますから。

マン：すみません。お願いします。

佐藤：でも、残念ですねえ。

マン：そうなんです。楽しみにしてたんですけど。　　　　◀ 気持ちを伝える

佐藤：わかりました。では、また次の機会に。

マン：はい。また声かけてください。　　　　　　　　　　◀ 会話を終わらせる

1)　①来週のバスツアー　　　　②本当に悪いんですけど、急にバイトが入っちゃって
2)　①来月の沖縄旅行　　　　　②悪いんですけど、両親が遊びに来ることになって
3)　①夏の研修会　　　　　　　②どうしても国に帰らなきゃならなくなって

☞ **上の会話を使って、自分たちの会話をしてみよう。**

Q1 ヤンさんの表現で申し訳ない気持ちは伝わりますか？

学校　－先輩の家で物を割った－

ヤン：すみません。このコップ、割れちゃったんです。

先輩：えっ。

Q2 次の２つの会話を聞いてください。マンさんの話し方（音調）はどちらがいいと思いますか？

職場 (1)

音声 24

マン：ご連絡が遅くなって、すみませんでした。

山田：えー、ちょっと遅すぎますよ。

職場 (2)

マン：ご連絡が遅くなって、すみませんでした。

山田：いえ、大丈夫ですよ。

25

謝られる

え、約束の時間だけど、まだ家にいるの？

7:00

えー、コピーしようと思ったプリント、捨てちゃったの？

え、貸した本、汚しちゃったの？

あなたは友達に謝られたことがありますか。

聞いて答える

音声 25

待ち合わせの約束をした友達から、電話がかかってきました。何と答えますか。

練習1　謝っている人の気持ちを考えて理解を示す

学校　(1)－友達が約束の時間に遅れて電話をかけてきた－

ヤン：もしもし、鈴木さん↑　遅れてごめん。

鈴木：どうしたの↑　今、みんなで待ってるんだけど…。
　　　事情を聞き自分の状況を伝える

ヤン：ごめん。実は①寝坊しちゃって、まだうちにいるんだ。

鈴木：②え、そうなんだ。じゃあ、先に行くね。
　　　理解を示し、どうするか伝える

ヤン：うん。みんなにもごめんって言っといて↗③後で必ず行くから。

　　　　　　　　　　　　　　　　　：

1)　①　人身事故で地下鉄が止まっちゃって、まだ地下鉄の中なんだ。

　　②　そうなんだ。それじゃ、しょうがないね。じゃあ、みんなで先に行くね。　③必ず

2)　①　急に家族から電話があって、家を出るのが遅れたんだ。

　　②　そうなんだ。じゃあ、先に行ってもいい↑　③急いで

3)　①　道を間違えちゃって…。あと10分くらいで着くと思うけど。

　　②　え、本当。じゃあ、もうちょっと待ってるね。　③すぐに

☝上の会話を使って、自分たちの会話をしてみよう。

👥👥 [学校] (2) －友達が、貸した本について話してきた－

ヤン：あのう、昨日借りた①本のことなんだけど。

鈴木：うん、どうかした↑

ヤン：実は、今朝読んでる時にコーヒーをこぼして、汚しちゃったんだ。

鈴木：えー、本当↑

ヤン：ほんとにごめん。すぐに拭いたんだけど。

鈴木：そうか。でも、②古い本だから、③いいよ。気にしないで。

ヤン：ごめん／ごめんね。

> 理解を示し許す
> 気持ちを配慮する

1) ①雑誌　　　　　　②もう読んだ雑誌　　　　　③気にしなくていいよ。
2) ①漫画　　　　　　②もう捨てようと思ってたもの　③全然問題ないよ。
3) ①教科書　　　　　②もう使い終わった教科書　　③大丈夫だよ。気にしないで。

👆 **上の会話を使って、自分たちの会話をしてみよう。**

💬 Q マンさんの言い方で、佐藤さんはどんな気持ちになると思いますか？

👥👥 [職場]

佐藤：実はマンさんに借りた漫画、ちょっと破いちゃったんです。すみません。

マン：えー、なんで気を付けてくれなかったんですか。

佐藤：本当にすみません。気を付けていたんですけど。

マン：気を付けてたら破れないでしょ。

佐藤：……。

練習2　驚きや迷惑していることをやわらかく伝える

👥👥 [学校]　(1) －食べ物がないことに気が付いて－

ヤン：あれ↑　さっきここにあった①ドーナツは↑

鈴木：あ、あれはもう②食べないのかと思って、捨てちゃったけど。

ヤン：③え、もったいない。あれは、東京の有名店のだったのに…。

鈴木：え、本当↑全然知らなかったんだ。本当にごめん。

      ⋮

> 驚きや迷惑をやわらかく伝える

1) ①プリント　　②使い終わった　　③え、これからコピーしようと思って、置いておいたのに…。
2) ①広告　　　　②要らない　　　　③えー、参考にしようと思って、取っておいたのに…。

👆 **上の会話を使って、自分たちの会話をしてみよう。**

👤🗣️ 職場 **(2) －職場で後輩が共有する資料について話してきた－**

マン：あのう、昨日作成した資料のことなんですが…。

山田：あー、もう送ってくれました↑

マン：あの、実は、①<u>間違えて、違う人に送ってしまったんです。</u>
　　　本当にすみません。

山田：②<u>え、それは困るなあ。大事な資料なんですけど。</u> ◀ 迷惑していることを示す

マン：③<u>すぐに気が付いたんで、電話して削除してくれるように頼んだん</u>
　　　<u>です</u>が。

山田：んー、④<u>今回の資料ぐらいならいいですけど、</u>今後は十分に気を ◀ 理解を示し注意を促す
　　　付けてください。⑤個人情報などが漏れることがありますから。

マン：はい。本当に申し訳ありませんでした。

1) ①間違って消して　　　　　②え、それは困ったなあ。すぐに使いたいんですけど。

　　③これから作り直しますので、午後でもいいでしょうか。

　　④午後なら　　　　　　　　⑤明日の朝のミーティングまでに全部揃えなければなりません

✋ **上の会話を使って、自分たちの会話をしてみよう。**

会話例を聞く

音声 26、音声 27

会話例 1 ：－友達との待ち合わせ時間に間に合わないことを謝る－

会話例 2 ：－先輩に約束した懇親会に行けなくなったことを謝る－

使ってみよう

○会話で使う言葉

- ・「**寝坊しちゃって**」　「～てしまって」⇒「～ちゃって」、「～でしまって」⇒「～じゃって」

  「寝坊<u>してしまって</u>」⇒「寝坊<u>しちゃって</u>」

  「行けなく<u>なってしまったんです</u>」⇒「行けなく<u>なっちゃったんです</u>」

  「飛<u>んでしまって</u>」⇒「飛<u>んじゃって</u>」

- ・「**言っといて**」　　　「～ておいて」⇒「～といて」

  「言っ<u>ておいて</u>」⇒「言っ<u>といて</u>」

  「キャンセルし<u>ておきますから</u>」⇒「キャンセルし<u>ときますから</u>」

- ・「**どっかから**」　　　「どこか」⇒「どっか」

  「<u>どこか</u>から」⇒「<u>どっか</u>から」

○関連語彙・表現

〈自動詞と他動詞〉

壊れる（自動詞）／**壊す**（他動詞）：「台風で傘が壊れた」「このいすを壊したのは誰↑」

汚れる／汚す：「このお皿、洗ったのに汚れている」「部屋を汚してしまって、すみません」

こぼれる／こぼす：「あ、水がこぼれている」「コーヒーをこぼさないように運んでね」

落ちる／落とす：「携帯が落ちている」「どなたか携帯を落としませんでしたか↑」

ぶつかる／ぶつける：「自転車が壁にぶつかった」「入口が低いので頭をぶつけないように！」

見つかる／見つける：「財布が見つかったら、連絡します」「この人が財布を見つけてくれました」

なくなる／なくす：「鍵がなくなった」「鍵をなくさないようにかばんにつける」

傷がつく／傷をつける：「ここに傷がついている」「傷をつけないでください」

気が付く／気を付ける：「間違いに気が付く」「間違えないように気を付ける」

この課のポイント

①謝る時、相手の気持ちを配慮して、申し訳ないと思う気持ちを言葉や音調で表す。

②謝られた時、相手の気持ちを配慮して、気持ちを伝えたり配慮の言葉を添える。

③謝ったり謝られたりしても、相手といい関係が続くように言葉を加える。

会話する

会話例を参考にし、この課で学んだことを応用して会話してみましょう。
下のタスクカードをよく読んで、2人で始めから終わりまで会話します。
1回終わったら、謝る人と謝られる人を交替してもう1度会話しましょう。

タスクカードA:
友達に謝る

あなたは、今日友達と映画を見に行く約束をして、12時に駅で待ち合わせをすることにしました。でも、12時に間に合いません。理由を言って、謝ってください。待っていてもらうか、先に行ってもらうかは相談してください。

タスクカードB:
友達に謝られる

あなたは、今日友達と映画を見に行く約束をして、12時に駅で待ち合わせをすることにしました。今駅にいますが、友達は来ません。友達から連絡があるので、答えてください。待っているか、先に行くかは相談してください。

タスクカードA:
先輩に謝る

あなたは、今日プロジェクトグループの人たちとお花見に行く約束をしていました。でも、楽しみにしていたのに、急用ができて、行けません。先輩に電話をして、理由を言って、謝ってください。気持ちを伝えてください。

タスクカードB:
後輩に謝られる

あなたは、今日プロジェクトグループの人たちとお花見に行く約束をしています。みんな楽しみにしています。後輩から電話があるので、答えてください。気持ちを伝えてください。

振り返る

どうでしたか。よいコミュニケーションができましたか。自分の会話を振り返って以下の振り返りシートに書き込んでください。

[○：できた　△：まあまあ　×：できなかった]

第3課　気持ちを配慮して謝る・謝られる　振り返りシート		
謝る	・相手の気持ちや状況を配慮して謝れたか。	○　△　×
	・気持ちを伝えながら、事情を伝えられたか。	○　△　×
謝られる	・謝った人の気持ちを配慮して、自分の気持ちを伝えられたか。	○　△　×
	・相手の事情に理解を示す言葉を加えられたか。	○　△　×
全体	・勉強した表現をいろいろ使ってみたか。	○　△　×
	・相手にわかりやすい順序で話せたか。	○　△　×
	・相手の言ったことがわからない時、確認や聞き返しをしたか。	○　△　×
	・相手の話を聞いている時、いろいろな相づちをうったか。	○　△　×
コメント	よかった点：...	
	よくなかった点：..	

振り返りを話し合う

それぞれどのように振り返ったかを、会話した相手と話し合ってみましょう。

わかりやすく伝言を頼む・する

事情を話して伝言を頼む

インターンシップの面接の時間が急に変わった。友達に伝言を頼もう。

頭がガンガンする。
今日は休もう。友達に伝言を頼もう。

この仕事、終わらない。
ミーティングに間に合わないな。
伝言を頼もう。

あなたは友達に
伝言を頼んだことがありますか。

話してみる

授業や仕事に遅れる時、友達や同僚に、先生や上司への伝言を頼む会話をしてください。

振り返る

どうでしたか。友達にわかりやすく伝言を頼めましたか。

聞いて答える

音声 28

　あなたは、今日インターンシップの申し込みをした会社から連絡があり、急に明日面接を受けることになりました。友達が音声のように言いました。何と答えますか。

練習1　詳しく事情を話す

🗣️ 学校 (1)－友達に聞かれて事情を話す－

鈴木：ヤンさん、①何か心配事でもあるの↑

ヤン：うん。実は、②さっきインターンシップの申し込みをした会社から
　　　連絡があって、明日面接するって急に言われたんだ。　　〔事情を話す〕

鈴木：③それは大変だ。じゃ、明日授業に出られないよね。

1) 🗣️ 学校 －電話を切ったところで－

　①電話はどこから↑　顔色が悪いけど、何かあったの↑

　②今家族から連絡が入って、父が倒れて入院したそうなんだ。

　③それは大変だね。じゃ、すぐ帰るの↑　今日アルバイトがあるよね。

2) 🗣️ 職場 －同僚に聞かれる－

　①忙しそうですね。急ぎの仕事ですか↑

　②そうなんです。明日プレゼンしなきゃならなくて、準備しているんです。

　③それは大変ですね。部長、厳しいですからね。で、3時からのミーティング、出られそうですか↑

👆 上の会話を使って、自分たちの会話をしてみよう。

🗣️ 学校 (2)－自分から事情を話す－

ノア：ヤンさん、①今日の午後の授業のことなんだけど。　　〔用件を提示する〕

ヤン：うん、何↑

ノア：さっきから、②頭がガンガンするんで、休もうと思ってるんだ。　〔事情を話す〕

ヤン：えっ、大丈夫↑

ノア：③薬、飲んで寝ていれば、大丈夫だと思うんだけど、　〔さらに事情を話す〕
　　　④発表の相談に参加できなくなっちゃって。

1) ①今日のサークル　　　　②喉が痛くて、咳が出るんで、休もうと思ってるんだ。

　③大したことないから　　④明日は休めないんで、早く治したいと思って。

2) ①午後のミーティング

　②歯が痛くてたまらないんで、歯医者に行って来ようと思ってるんだ。

　③歯医者で薬をもらえば　　④もしかしたら、ミーティングに遅れるかもしれないんだ。

👆 上の会話を使って、自分たちの会話をしてみよう。

練習2 わかりやすく伝言を頼む

[学校] (1) －友達に伝言を頼む－

︙

ノア：悪いけど、①先生に欠席すること、伝えてくれる↑　　配慮して伝言を頼む

ヤン：うん、わかった。伝えとくよ。

　　　②何か資料があったら、ノアさんの分ももらってくるから。

ノア：ありがとう。じゃ、よろしく。　　　気持ちを伝え終わらせる

1）①みんなに「参加できなくてごめん」って

　　②話し合った結果は、あとで連絡するね。

2）①先輩に「お花見に行けなくなってすみません」って

　　②ノアさんのために写真をたくさん撮ってくるよ。

🖐 上の会話を使って、自分たちの会話をしてみよう。

[職場] (2) －同僚に伝言を頼む－

︙

マン：佐藤さん、すみませんけど、①チーフに伝言、お願いできますか↑　　配慮して伝言を頼む

佐藤：あーいいですよ↗

マン：「②作成した資料は、今朝メールに添付してお送りしました」と伝えて　　伝言の内容を伝える

　　　もらえますか↑

佐藤：はい。③資料はメールで送ったことを伝えればいいですね↗

マン：はい。メールはしたんですけど、念のため。

佐藤：了解。

マン：ありがとうございます。じゃ、お願いします。　　気持ちを伝え終わらせる

1）①山中さんに伝言、お願いしたいんですけど…。

　　②会社に戻らずに、出先から直接家に帰ります

　　③出先から直接帰宅することを伝えておきますね↗

🖐 上の会話を使って、自分たちの会話をしてみよう。

Q マンさんの伝言の頼み方は正しいですか？

マン：悪いんですけど、明日休むこと、山田さんに伝えてもいいでしょうか。

佐藤：えっ↑

伝言をする

友達が授業を欠席するそう。
先生とクラスメートに伝えなきゃ。

同僚に伝言を頼まれたから、
チーフに話そう。

友達が集合時間に間に合わない
そう。みんなに伝えよう。

あなたは先生に友達からの
伝言をしたことがありますか。

練習1　わかりやすく伝言をする

👤👤 学校 (1) －教室で先生に話す－

ノア：①先生、キムさんから連絡があったんですけど、②今日は具合が悪くて
来られなくなったとのことです。　　　　　　　　　　　　**伝言をする**

先生：そうなんですか。わかりました。

ノア：③風邪のようで、今日一日寝ていたらよくなると思うと言っていました。　　**情報を追加する**

　　　：

1) 👤👤 学校

　①先生

　②急にインターンシップの面接時間が変更になって、授業に出席できないそうです。

　③レポートは、今朝メールで提出した

2) 👤👤 職場

　①伊藤さん　　②人身事故で電車が遅れていて、会議に間に合わないとのことです。

　③詳しい情報がわからないので、どのくらい遅れるかはっきりわからない

✋ 上の会話を使って、自分たちの会話をしてみよう。

🏫 (2) －友達に話す－

ノア：キムさんから連絡があったんだけど、①今日は来られなくなったんだ
　　　って。　　　　　　　　　　　　　　　　　　　　　　　▶ 他の人の事情を伝える

ヤン：え、ほんと↑

ノア：うん。②具合が悪いそうなんだけど、「みんなに迷惑かけてごめん」
　　　って言ってたよ。　　　　　　　　　　　　　　　　　　▶ 伝言をする

ヤン：そうなんだ。③病気なら、しょうがないよ。

　　　　　　　　　⋮

1) ①今日ちょっと遅くなるそうだよ。
　　②仕事が延びちゃったそうなんだけど、必ず後から来る　　③仕事じゃしょうがないね。
2) ①急だけど、もう一人連れて来るって。
　　②「昨日国の友達が遊びに来たんで、一緒に行っていいかな」　③友達なら全然問題ないよ。

👆 上の会話を使って、自分たちの会話をしてみよう。

練習2　上司に伝言をする

👤🧍 職場 －仕事中の上司に話しかける－

マン：チーフ、今よろしいですか↑　　　　　　　　　　　　　▶ 都合を聞く

山田：はい。いいですよ↗

マン：先ほど、佐藤さんから連絡があったんですが、今日は熱があるそう
　　　で、休みを取るとのことです。　　　　　　　　　　　　▶ 伝言をする

山田：そうですか。会議の資料はどうなっているかな。

マン：今朝、メールに添付してお送りしたと言っていました。　▶ 伝言をする

山田：わかりました。見てみます。佐藤さんにお大事に、と伝えてください。

マン：はい。では、失礼いたします。　　　　　　　　　　　　▶ 会話を終わらせる

👆 上の会話を使って、自分たちの会話をしてみよう。

練習3　思い出したことや推測したことを伝える

🧍🧍🧍 学校 －約束した場所で友達が来るのを待っている－

鈴木：ヤンさん、遅いね。どうしたんだろう。

キム：そうだね。いつも時間通りに来るのに。何かあったのかな。

ノア：あ、そういえば、①病院に寄ってから来るって言ってた。　▶ 思い出した事情を伝える

鈴木：そうなんだ。じゃ、②病院が混んでて遅くなってるのかもしれない。　▶ 推測したことを話す

ノア：そうだね。もうちょっと待ってみようか。

　　　　　　　　　⋮

1) ①今日はアルバイトがある日だよね。　　　　②アルバイトが延びてる
2) ①先生に何か相談することがあるって言ってたけど。　　②相談が長くなってる

👆 上の会話を使って、自分たちの会話をしてみよう。

会話例 1：－先生やクラスメートに友達が欠席することを伝える－
かいわれい せんせい ともだち けっせき つた

会話例 2：－電話で同僚に欠勤の事情を話し、チーフへの伝言を頼む－
かいわれい でんわ どうりょう けっきん じじょう はな でんごん たの

使ってみよう
つか

○会話で使う言葉
かいわ つか ことば

・「プレゼン**しなきゃ**ならなくて」 「～なければ」⇒「～なきゃ」

「しなければならなくて」⇒「しなきゃならなくて」

・「伝え**とく**」 「～ておく」⇒「～とく」 「～でおく」⇒「～どく」
つた

「伝えておく」⇒「伝えとく」
つた つた

「言っておく」⇒「言っとく」
い い

「読んでおく」⇒「読んどく」
よ よ

・「まとめ**ちゃおう**」（会話例1）「～てしまう」→「～てしまおう」⇒「～ちゃおう」
かいわれい

「～でしまおう」⇒「～じゃおう」

「まとめてしまおう」⇒「まとめちゃおう」

「読んでしまおう」⇒「読んじゃおう」
よ よ

・「先ほど」（改まった表現）「さっき」⇒「先ほど」
さき あらた ひょうげん さき

○表現のまとめ
ひょうげん

〈伝言をする〉
でんごん

・「～そう」：「Aさん、今日遅れるそうだよ」「今日は出席できないそうです」
きょう おく きょう しゅっせき

・「～とのこと」（改まった言い方）：「Aさんは今日病気で欠席するとのことです」「Aさん
あらた い かた きょう びょうき けっせき

は飛行機の欠航で、いらっしゃれないとのことです」
ひこうき けっこう

・「～って」（くだけた言い方）：「Aさん、今日遅れるって」「Aさん、帰国したんだって」
い かた きょう おく きこく

・「～と言っていました」「～って言ってた」：「レポートは、メールで提出したと言っていま
い い ていしゅつ い

した」「病院に寄ってから来るって言ってた」
びょういん よ い

○関連語彙・表現
かんれんごい ひょうげん

・～てたまらない：「歯が痛くてたまらない」「足が痒くてたまらない」「甘いものが好きで
は いた あし かゆ あま す

たまらない」

〈オノマトペ〉

・ガンガン：「頭がガンガンする」「音楽をガンガンかける」
あたま おんがく

・ふらふら：「ふらふらする」「足がふらふらする」「頭がふらふらする」「ふらふら歩く」
あし あたま ある

この課のポイント

①相手にわかりやすく必要な情報を入れて、伝言を頼む。
②相手にわかりやすく必要な情報を入れて、伝言をする。
③相手の様子を見て事情を聞き、相手の気持ちを考えて適切に応答する。
④相手に聞かれたことに対して、事情をわかりやすく話す。

会話する

会話例を参考にし、この課で学んだことを応用して会話してみましょう。
この課は、タスクカードがA、B、Cの3種類あって、3人で会話練習をします。
まずタスクカードをよく読んで、AとBの2人で会話します。
次にBとCの2人で会話します。Bの人は2回会話をします。
会話が1回全部終わったら、A、B、Cを交替して練習してください。

タスクカードA：
友達に伝言を頼む

あなたは、今日友達B、Cさんと一緒に映画を見に行く約束をしました。でも、急に行けなくなりました。Bさんに電話でどんな事情か話して、Cさんに伝えてもらえるように頼んでください。どんな事情かは自分で考えて話してください。

タスクカードB：
友達に伝言をする

あなたは、今日友達A、Cさんと一緒に映画を見に行く約束をしました。①Aさんから電話がかかってきます。Aさんの話をよく聞いてください。②電話が終わってから、聞いたことを、Cさんにわかりやすく話してください。

タスクカードC：
友達から伝言を聞く

あなたは、今日友達A、Bさんと一緒に映画を見に行く約束をしました。Bさんから電話がかかってきます。Aさんのことのようです。適切に応答や質問をして、よく聞いてください。

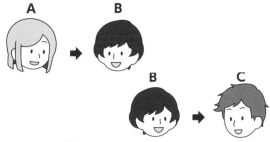

タスクカードA：
同僚に伝言を頼む

あなたは、今日会社で会議があります。その会議の資料を作成しました。でも、会社に行けなくなりました。同僚に電話でどんな事情か話して、会議の資料のことについてチーフへの伝言を頼んでください。事情は自分で考えてください。

タスクカードB：
チーフに同僚の伝言をする

あなたは、今日会社で会議があります。①同僚Aさんから電話で連絡があります。その同僚の話をよく聞いてください。②そして、聞いたことを、会社のチーフにわかりやすく話してください。

タスクカードC：
部下から伝言を聞く

あなたは、会社のチーフです。今日会社で会議があります。部下のAさんが資料を作成しました。部下のBさんが話しかけます。適切に応答や質問をして、よく聞いてください。

振り返る

どうでしたか。よいコミュニケーションができましたか。自分の会話を振り返って以下の振り返りシートに書き込んでください。　　　　　　[○：できた　△：まあまあ　×：できなかった]

第４課　わかりやすく伝言を頼む・する　振り返りシート		
伝言を頼む	・わかりやすく事情を話すことができたか。	○　△　×
	・わかりやすく適切に伝言を頼むことができたか。	○　△　×
伝言をする	・適切に応答や質問をして、伝言や事情を聞けたか。	○　△　×
	・わかりやすく伝言をすることができたか。	○　△　×
全体	・勉強した表現をいろいろ使ってみたか。	○　△　×
	・相手にわかりやすい順序で話せたか。	○　△　×
	・相手の言ったことがわからない時、確認や聞き返しができたか。	○　△　×
	・相手の話を聞いている時、いろいろな相づちをうったか。	○　△　×
コメント	よかった点：＿＿＿＿＿＿＿＿＿＿＿＿＿＿＿＿＿＿＿＿	
	よくなかった点：＿＿＿＿＿＿＿＿＿＿＿＿＿＿＿＿＿＿	

振り返りを話し合う

それぞれどのように振り返ったかを、会話した相手と話し合ってみましょう。

わかりやすく料理の説明をする・求める

説明を求める

レストランのメニューを見てるけど、どんな料理かわからない。

友達が作ったお弁当、おいしそう。どんな物？

お酒が全然飲めないんだけど、この料理に入っている？

あなたは日本の食べ物で何がいちばん好きですか。

話してみる

クラスメートに好きな日本の料理、食べ物について聞いてください。どんな料理、食べ物か詳しい説明を求めてください。

振り返る

どうでしたか。うまくいきましたか。日本の料理や食べ物について詳しい説明を聞くことができましたか。

聞いて答える

音声31

今あなたは、友達とレストランに来て、メニューを見ています。友達が音声のように話しかけます。答えてください。

(1) －まだ決めていない場合－

(2) －もう決めている場合－

練習1　詳しい説明を求める

🧑‍🏫 学校 (1) －友達とレストランで飲み物を選ぶ－

店員：まず、お飲み物のご注文を伺います。

ノア：えーと、何にする↑

鈴木：んー、①何にしようかな…。②ジュースにする。　　　→ 考えていることを示し決める

ノア：じゃ、私（ぼく／おれ）も。

　　　すみません、③ジュースは、何がありますか↑　　　→ 説明を求める

店員：④オレンジ、アップル、グレープフルーツです。　　　→ 理解したことを伝える

ノア：そうですか。

　　　　　　　⋮

1) ①何にしよう…。　　②ビールにしようかな。　　③ビール

　　④サッポロ、キリン、アサヒ、サントリーです。

2) ①どうしよう…。　　②今日はソフトドリンクにしよう。　　③ソフトドリンク

　　④こちらのメニューのものになります。

☝ 上の会話を使って、自分たちの会話をしてみよう。

🧑‍🏫 学校 (2) －友達と北海道居酒屋で料理を選んでいる－

ノア：どれにしようかな。いろいろありすぎて…。

ヤン：そうだねえ。この①「ザンギ」って何だろう。　　　→ わからないことを示す

ノア：さあ、何だろうね。店員さんに聞いてみようか。

ヤン：うん。

　　　すみません、この①「ザンギ」って②どんなものですか↑　　　→ 説明を求める

店員：あー、それは③鶏の唐揚げのことなんです。　　　→ 理解したことを伝える

ヤン：へー、そうなんですか。

ノア：初めて聞きました。

　　　　　　　⋮

1) －韓国料理の店で－

　　①「チヂミ」　　②どんな料理　　③お好み焼きみたいなものです。

2) －和食の店で－

　　①かつおのたたき　　②何　　③お刺身みたいなもので、周りがちょっと焼いてあるんです

3) －コンビニで－

　　①「まいたけおこわおむすび」　　②何

　　③「まいたけ」というきのこが入っている、もち米のおにぎりです。

☝ 上の会話を使って、自分たちの会話をしてみよう。

職場　－同僚と居酒屋でランチメニューを見て、食べられる物を確認する－
しょくば　　どうりょう　いざかや　　　　　　　　　　み　　　た　　　　もの　かくにん

佐藤：何にしましょうか。マンさんは①お酒だめですよね。
さとう　なん　　　　　　　　　　　　　　　　　さけ

マン：はい、だめなんです。

佐藤：すみません、この料理は②お酒が入ってますか↑
さとう　　　　　　　　　りょうり　　さけ　はい

店員：③基本的には入れておりませんが…。
てんいん　きほんてき　　い

マン：例えば、④みりんとか、ワインとかも入っていませんか↑　　　　　具体例を挙げ説明を求める
たと　　　　　　　　　　　　　　　　　　はい　　　　　　　　　　　　　　　　　　ぐたいれい　あ　せつめい　もと

店員：はい。オリーブオイル以外は使っておりません。
てんいん　　　　　　　　　　　　　　いがい　つか

マン：そうですか。じゃ、Ａセットにします。　　　　　　　　　　　　　理解したことを伝え決める
　　　　　　　　　　　　　　　　　　　　　　　　　　　　　　　　　　　りかい　　　　　　つた　き

佐藤：わたしはＢセット、お願いします。
さとう　　　　　　　　　　　　ねが
　　　　　　　　　　　　　　⋮

1)　①豚肉は食べられないですよね。　　　　　　　②豚肉
　　ぶたにく　た　　　　　　　　　　　　　　　　　　ぶたにく
　　③こちらのＡセットは鶏肉の料理です。　　　　④ラードとか
　　　　　　　　　　　とりにく　りょうり

2)　①アレルギーがあるから、エビやカニは食べられないですね。　　②エビやカニ
　　　　　　　　　　　　　　　　　　　　　　　た
　　③こちらのＡとＢのセットでしたら入っていませんが…。　　　④エビの出汁とか
　　　　　　　　　　　　　　　　　　　　はい　　　　　　　　　　　　　　だし

上の会話を使って、自分たちの会話をしてみよう。
うえ　かいわ　つか　　　じぶん　　　　かいわ

学校　(1)－カナダ出身の友達に好きな食べ物を聞く－
がっこう　　　　　しゅっしん　ともだち　す　　　た　もの　き

キム：ノアさん、国でいちばん好きな食べ物って何↑
くに　　　　　　す　　た　もの　なに

ノア：いちばん好きな食べ物ねえ。プーティーンかな。
す　　た　もの

キム：その「プーティーン」ってどんな食べ物↑　　　　　　　　　説明を求める
た　もの　　　　　　　　　　　　　　　　　　　　せつめい　もと

ノア：フライドポテトの上にチーズとソースがのってる食べ物なんだ。
た　もの

キム：へー、そうなんだ。どんな味↑　　　　　　　　　　　　　応答し、さらに説明を求める
あじ　　　　　　　　　　　　　　　　　　おうとう　　　　　せつめい　もと

ノア：ほくほくのフライドポテトに肉汁たっぷりのソースの味。
にくじゅう　　　　　　　　あじ

キム：ふーん、おいしそうだね。　　　　　　　　　　　　　　　応答しコメントする
おうとう

ノア：もちろん、すごくおいしいよ↗　食べたくなってきちゃった。
た

キム：へー、じゃあ今度私(ぼく／おれ)もカナダで食べてみようっと。　応答しコメントする
こんどわたし　　　　　　　　　　た　　　　　　　　　　　　おうとう

上の会話を使って、自分たちの会話をしてみよう。
うえ　かいわ　つか　　　じぶん　　　　かいわ

学校 (2) －友達が食べている弁当について聞く－

キム：鈴木さん、（お）弁当、おいしそうだね。

鈴木：ありがとう。実はこれ、私（ぼく／おれ）が作ったんだ。

キム：へー、すごい。いろんな色があってきれいだし、栄養のバランスも
　　　よさそう。　　　　　　　　　　　　　　　　　　　　　　　　　▸ 応答しコメントする

鈴木：ほんと↑嬉しい。①最近（お）弁当作りにはまっているんだ。

キム：へー、そうなんだ。②この緑色のは何↑　　　　　　　　　　　　▸ 応答し説明を求める

鈴木：あー、これね。これは、③ほうれん草の胡麻和え。

キム：④ごまあえ↑　　　　　　　　　　　　　　　　　　　　　　　　▸ 説明を求める

鈴木：うん。⑤茹でたほうれん草に、すり胡麻と砂糖、しょう油を混ぜた
　　　ものを合わせただけだよ↗

キム：そっか。そういうのを④ごまあえ、って言うんだ。おいしそう。　▸ 応答しコメントする

1) ①初めて作ったんで恥ずかしいけど。　　　　②この周りが緑のものは何↑
　　③ピーマンの肉詰め。　　　　　　　　　　　④にくづめ
　　⑤半分に切ったピーマンに、挽肉や玉ねぎ、塩こしょうを混ぜた物を入れて、焼いたもの。

2) ①動画を見て、初めて作ったんだけど。　　　②その茶色っぽいのは何↑
　　③いなりずし。　　　　　　　　　　　　　④いなりずし
　　⑤甘辛く煮た油揚げに寿司のご飯を詰めたもので、油揚げは豆腐を揚げたものだよ↗

☞ 上の会話を使って、自分たちの会話をしてみよう。

🗨 Q ヤンさんのコミュニケーションの仕方はどうですか？

ヤン：この「かつおのたたき」って何ですか↑

店員：それは、かつおのお刺身と似た物なんですが、周りをちょっと焼いてある
　　　んです。

ヤン：どうやって食べるんですか↑

店員：しその葉やねぎ、しょうがなどの薬味といっしょにポン酢で食べます。

ヤン：どんな味なんですか↑

第5課　わかりやすく料理の説明をする・求める

43

説明をする

お勧めの日本料理は天ぷら。天ぷらっていうのは…。

お祝いの時に何を食べるかな…。

私の国や地域でいちばん有名な料理は何かな。

あなたは自分の国や地域の食べ物で何がいちばん好きですか。

練習　わかりやすく、詳しく説明する

学校　(1)－お祝いの時の食べ物を説明する－

ノア：鈴木さんのうちでは、お祝いの時、①<u>どんな料理を食べる↑</u>

鈴木：お祝いと言って、思い浮かべるのは②<u>(お)赤飯かな。</u>

ノア：②<u>(お)せきはん↑</u>

鈴木：うん。③<u>赤いご飯って書くんだけど、もち米と小豆をいっしょに炊いたもの。</u>　　＜どんなものか説明する

ノア：ふーん。そういうのを食べるんだ。

鈴木：うん。④<u>赤い色はめでたい色だから、伝統的にお祝いの時は</u>　　＜意味を説明する
　　　<u>(お)赤飯を食べるんだ。</u>

ノア：なるほどね。

鈴木：⑤<u>もち米だから、もちもちしておいしいよ↑</u>一度食べてみてね↗　　＜食感や味を説明し勧める

ノア：おいしそう。是非食べてみる。

　　　　　　　　　　　　　⋮

1)　①どんな料理を食べる　　　　　　　　　②お正月の料理

　③お節料理っていうんだけど、煮物や酢の物などでいろいろな食材を使って作るんだ。

　④年末に作っておいて、お正月は食事の準備をしなくていいようにしたみたいなんだ。

　⑤しょう油味や塩味、それに甘い物や酸っぱいものがあって、おいしいよ↗

☞上の会話を使って、自分たちの会話をしてみよう。

学校 (2) －好きな食べ物について説明する－

ヤン：ノアさん、和食の中で何がいちばん好き↑

ノア：和食の中でね。難しいな、好きなのがたくさんあって。

ヤン：そっか。私（ぼく／おれ）はね、「ひつまぶし」がいちばん好き。

ノア：ひつまぶし↑　何、それ。

ヤン：名古屋の名物なんだけど、ご飯の上に鰻のかば焼きを細かく切った　　　＜まず、
　　　ものがのっているんだ。　　　　　　　　　　　　　　　　　　　　　　　どんなものか説明する

ノア：へー。うな丼みたいなもの↑鰻は大きいけど。

ヤン：そうだね、似ているけど、食べ方が少し違う。

ノア：ふーん。どう違うの↑

ヤン：小さい（お）茶碗に入れて食べるんだけど、そのまま食べてもいいし、　　＜食べ方を説明する
　　　薬味を入れたり、お茶漬けで食べたり、自分の好きな味で食べられるんだ。

ノア：へー、おもしろい。

ヤン：鰻は、周りがカリカリで、中はふわっとしていて、とってもおいしいよ↗　＜味や食感を説明する

ノア：おいしそう。私（ぼく／おれ）も一度食べてみよう。

　　　　　　　：

上の会話を使って、自分たちの会話をしてみよう。

（和食の中で、また自分の国や地域の料理、家庭料理の中で好きな食べ物について会話してください。）

第5課　わかりやすく料理の説明をする・求める

👤👤 **職場** (3) －特急電車の中で、職場の先輩が駅弁について説明する－

イー：マンさん、駅弁買って、電車の中で食べようか。

マン：駅弁ですか。いいですね。1度食べてみたかったんです。

イー：えー、初めてなの↑

マン：はい、初めてです。

イー：私／ぼくは日本に来てから、駅弁にはまっているんだ。それじゃ、
　　　今日は私／ぼくがおごるよ。何が食べたい↑

マン：えっ、本当ですか。ありがとうございます。お言葉に甘えてごちそうになります。

イー：いえいえ。

マン：どれがいいかわからないんで、お任せします。何でも食べられますから。

イー：初めてなら、幕の内弁当にしよう。いろいろなおかずが食べられるよ。

　　　－電車の中で駅弁を開ける－

マン：わー、おいしそうですね。それに見た目もきれいです。

イー：確かに日本にはきれいな(お)弁当が多いよね。いろんな色があるっていう
　　　ことは、食材の種類が多くて、栄養のバランスがいい、ということかもね。

マン：そうですね。これは鮭で、これは卵焼き、野菜に…。この黒いのは何ですか↑

イー：これはひじきの煮物だよ↗　ひじきは海藻の一種で、砂糖としょう油で　　　　`どんなものか説明する`
　　　煮てあるんだ。人参と大豆も入っているね。栄養があるし、ご飯に合うよ↗

マン：そうなんですか。いいですね。じゃ、この赤っぽいのは何ですか↑

イー：これのことね。これは、「しば漬け」っていうんだけど、なすやきゅうりの　　　`材料や味を説明する`
　　　漬物。酸味があって、さっぱりしていておいしいよ↗

マン：漬物なんですか。じゃ、これから食べます。いただきます。
　　　　　：

👆 **上の会話を使って、自分たちの会話をしてみよう。**

会話例を聞く　　　　　　　　　　　　　　　　　　　　音声32、音声33

会話例1：－居酒屋で店員に説明を求める－
会話例2：－先輩に日本の食べ物について説明を求める－

使ってみよう

○会話で使う言葉

- ・「食べてみ**ようっと**」（独り言で使う意志表現）

    「もう帰ろう」⇒「もう帰ろうっと」

    「早く寝よう」⇒「早く寝ようっと」

- ・「入っ**てますか↑**」「〜ています」⇒「〜てます」

    「入っ**ています**か↑」⇒「入っ**てます**か↑」

- ・「ザンギ**って何だろう**」「〜というのは」⇒「〜っていうのは」⇒「〜って」

    「ザンギ**というのは**何だろう」⇒「ザンギ**っていうのは**何だろう」⇒「ザンギ**って**何だろう」

- ・「赤いご飯**って書くんだけど**」「〜と」⇒「〜って」

    「赤いご飯**と**書く」⇒「赤いご飯**って**書く」

- ・「何、食べ**よっか**」（会話例１）「〜うか」⇒「〜っか」

    「食べ**ようか**」⇒「食べ**よっか**」　　「行**こうか**」⇒「行**こっか**」

○関連語彙・表現

- ・祝う／祝い：「新年／誕生日を祝う」「お祝いの時、（お）赤飯を食べる」
- ・伝統的：「これは伝統的な食べ物です」「伝統的な行事が今も行われている」
- ・〜すぎて：「いろいろありすぎて」「働きすぎる」「ゲームをしすぎるのは、よくない」
- ・〜ぽい：「茶色っぽい」「子どもっぽい」「熱っぽい」「忘れっぽい」

〈味〉

- ・味：「味が薄い」「味が濃い」「味がちょうどいい」「いい味」

    「しょう油で味つけをする」「これは塩味だ」
- ・甘い・辛い・酸っぱい：「甘い物が好き」「辛い物が苦手」「酸っぱくておいしい」
- ・苦い・苦味：「眠い時は、苦いコーヒーがいい」「ゴーヤーは苦味があって、おいしい」
- ・あっさり：「これはあっさりしている」「暑いから、あっさりしたものが食べたい」
- ・こってり：「これはこってりしている」「こってりしたラーメンが好き」
- ・脂：「これはちょっと脂っこい」「脂っこいものは好きじゃない」
- ・出汁：「昆布で出汁を取る」「おいしい和食は、出汁が効いている」

〈食感のオノマトペ〉

- ・とろっとしている（半熟卵、プリンなど）
- ・ふわっとしている（パンケーキ、パンなど）
- ・ねばねば（納豆、おくらなど）、もちもち（餅、だんごなど）、カリカリ（せんべいなど）、

    さくさく（クッキー・天ぷらなど）、しこしこ（麺類）、ほくほく（芋類）：「しこしこのうどん」

    「ねばねばした食べ物」「焼き芋はほくほくしている」

この課のポイント

①説明を求める時、相手が答えやすいように具体例を出して尋ねる。
②相手に説明してもらった時、わかったことや関心があることを示しながら聞く。
③説明を求められた時、相手にわかりやすいように具体的に説明する。

会話する

会話例を参考にし、この課で学んだことを応用して会話してみましょう。
下のタスクカードをよく読んで、2人で始めから終わりまで会話します。
1回終わったら、説明を求める人と説明する人を交替してもう1度会話しましょう。
1回の会話の中で、説明した後に相手に説明を求めて、続けてもいいです。

タスクカードA：
友達に説明を求める

> あなたは、友達と一緒に昼ご飯を食べています。友達に友達の国や地域の料理でいちばん好きなものを聞いてください。どんなものか、どんなものが入っているか、どんな味かなど、詳しく聞いてください。

タスクカードB：
友達に説明する

> あなたは、友達と一緒に昼ご飯を食べています。友達にあなたの国や地域の料理でいちばん好きなものを聞かれます。どんなものか、どんなものが入っているか、どんな味かなど、詳しく話してください。

タスクカードA：
先輩に説明を求める

> あなたは、先輩の国の文化を知りたいです。先輩にお祝いの時に食べる料理について聞いてください。どんなお祝いでもいいです。どんなものか、どんなものが入っているか、どんな味かなど、詳しく聞いてください。

タスクカードB：
後輩に説明する

> あなたは、後輩にお祝いの時に食べる料理について聞かれます。どんなお祝いでもいいです。どんなものか、どんなものが入っているか、どんな味かなど、詳しく話してください。

どうでしたか。よいコミュニケーションができましたか。自分の会話を振り返って以下の振り返りシートに書き込んでください。

[○：できた　△：まあまあ　×：できなかった]

第5課　わかりやすく料理の説明をする・求める　振り返りシート		
説明を求める	・相手が答えやすいように具体的に説明を求めたか。	○　△　×
	・説明を聞いた時、理解や関心を示す応答ができたか。	○　△　×
説明をする	・相手にわかりやすいように具体的に詳しく説明できたか。	○　△　×
	・相手がわかったかどうかを見ながら、説明したか。	○　△　×
全体	・勉強した表現をいろいろ使ってみたか。	○　△　×
	・相手にわかりやすい順序で話せたか。	○　△　×
	・相手の言ったことがわからない時、確認や聞き返しをしたか。	○　△　×
	・相手の話を聞いている時、いろいろな相づちをうったか。	○　△　×
コメント	よかった点：＿＿＿＿＿＿＿＿＿＿＿＿＿＿＿＿＿＿＿＿＿＿＿＿＿＿＿＿＿＿	
	よくなかった点：＿＿＿＿＿＿＿＿＿＿＿＿＿＿＿＿＿＿＿＿＿＿＿＿＿＿＿	

振り返りを話し合う

それぞれどのように振り返ったかを、会話した相手と話し合ってみましょう。

第5課　わかりやすく料理の説明をする・求める

気持ちを配慮して頼む・頼まれる

頼む

あー、お金が足りない。
どうしよう。借りるしかない。

日本のお城を見てみたい。
ガイドブックを借りよう。

レポート書いたけど、
日本語正しいかなあ。

あなたはどんなことを
頼んだことがありますか。

話してみる

　自分がどんなときに何を頼んだかクラスメートと話してください。自分が経験した何かを頼む状況で、会話をしてみてください。

振り返る

　どうでしたか。うまくいきましたか。自分の状況を説明できましたか。相手のことを配慮した表現を使えましたか。

考える

　次の状況で友達に何と言って頼みますか。
1）－お弁当を買いたいけれど、100円足りないので、100円借りたい－
2）－今日中に教科書を買わなければならないけれど、財布を忘れたので、5000円借りたい－

練習1　相手の気持ちを配慮して頼む

学校 (1) －相手が受けてくれると思って頼む－

ノア：鈴木さん、①100円足りないんだけど、ちょっと②貸してもらえる↑　　事情を説明し頼む

鈴木：③100円↑　うん、いいよ↗

ノア：ありがとう。④必ず後で返すから。　　気持ちを伝える

　　　　　⋮

1)　①赤ペンが必要な　　　②借りてもいいかな。　　③赤ペン↑　　④すぐ返すね。

2)　①わからない漢字がある　②教えてくれる↑　　③漢字↑　　④忙しいところ、ごめんね。

☝ **上の会話を使って、自分たちの会話をしてみよう。**

学校 (2) －相手に確認してから頼む－

キム：ヤンさん、①確か日本のお城のガイドブック、持ってたよね。　　確認する

ヤン：うん、持ってるけど。

キム：②来週、松本城に行きたい思ってるんだけど、借りてもいいかな。　　事情を説明し頼む

ヤン：うん、もちろん。③明日持って来るね。

キム：④ありがとう。助かる。　　気持ちを伝える

　　　　　⋮

1)　**学校**

①確か字幕付きの日本映画の DVD、持ってるって言ってたよね。

②勉強をかねて見てみようと思ってるんだけど、貸してもらえる↑

③来週会う時でもいい↑　　　　　　　④うん。ありがとう。よろしくね。

2)　**職場** －職場の先輩に－

①今、先週の展示会のパンフレット、持っていらっしゃいますか↑

②コピーさせていただきたいんですけど、貸していただけませんか↑

③コピーしたら返してね。　　　　　　④ありがとうございます。助かります。

☝ **上の会話を使って、自分たちの会話をしてみよう。**

Q1 ノアさんの頼む表現は正しいですか？

ノア：100円足りないんだけど、貸してもいい↑

鈴木：えっ。

Q2 ノアさんの言い方で、鈴木さんはどんな気持ちになると思いますか？

ノア：鈴木さん、鉛筆忘れちゃったんだから、授業中借りてもいい↑

鈴木：うん、別にいいけど。

学校 (1)－相手の負担に配慮して頼む－

キム：田中さん、ちょっとお願いがあるんですけど。 ▶ 用件を提示する

田中：え、何ですか↑

キム：①今日中に教科書を買わなきゃならないんですけど。 ▶ 事情を説明する

田中：うん。

キム：②ほんとに悪いんですけど、財布を忘れちゃったんで、5000円、 ▶ 配慮して理由を言い頼む

　　　貸してもらえませんか↑

　　　　：

1) **学校**

　①キャッシュカードを落としたので、銀行に行きたいんですけど。

　②無理だったらいいんですけど、日本語に自信がないので、一緒に行ってくれませんか↑

2) **職場**

　①今日中に報告書を書かなければならないんですけど。

　②忙しいところ悪いんですけど、参考にしたいので会議のプレゼンスライド、送ってもらえますか↑

☞ 上の会話を使って、自分たちの会話をしてみよう。

学校 (2)－相手が受けてくれるのが難しそうな時、条件を付けて頼む－

キム：ノアさん、お願いがあるんだけど。 ▶ 用件を提示する

ノア：何↑

キム：よかったら、①先週の授業のハンドアウト、貸してもらえない↑ ▶ 配慮して頼む

ノア：②明日小テストがあるから、勉強しようと思ってるんだけど。

キム：あそう。あの、③30分ぐらいだけでいいんだけど。 ▶ 条件を付け頼む

ノア：あー、それならいいよ↗

キム：ありがとう。助かった。 ▶ 気持ちを伝える

　　　　：

1) ①明日、自転車を貸してもらえないかな。

　②明日ね。午前中は用事があって使おう　　③午後1時間ぐらい

☞ 上の会話を使って、自分たちの会話をしてみよう。

🧑 職場 (3) －職場の先輩に負担が大きいことを頼む－

マン：山田さん、今、ちょっとよろしいでしょうか。 ◀ 都合を聞く

山田：あー、マンさん。何ですか↑

マン：ちょっとお願いしたいことがあるんですが…。 ◀ 用件を提示する

山田：はい。どんなことですか↑

マン：実は、①今日本語で報告書を書いているんですが、②書くのはまだ苦手 ◀ 事情を話す
で…。

山田：そう。

マン：ええ、それで、③お忙しいところ申し訳ないんですが、④日本語を見て ◀ 配慮して頼む
いただけませんか↑

┆

1)　①今メールの返事を書いている　　　　②先方のメールに専門用語が多くて…。

　　③お忙しいところ申し訳ありませんが　④ちょっと教えてくださいませんか↑

✋ **上の会話を使って、自分たちの会話をしてみよう。**

頼まれる

パソコンが動かない？大変だ。
でも、私はよくわからないから…。

通訳を頼まれた。
えっ、できるかな。

友達に買い物を頼まれた。
行ってあげよう。

あなたはどんなことを頼まれた
ことがありますか。

練習1 **相手の気持ちを配慮して頼みを受ける**

👥👥 学校 (1) －すぐに受ける－

鈴木：キムさん、今から昼ごはん食べに行くの↑

キム：うん。行くけど。

鈴木：悪いけど、おにぎりでも買って来てもらえるかな。

キム：いいよ↗　　　　　　　　　　　　　　　　　　◀ すぐに受ける

鈴木：ありがとう。午後の準備が終わらないので、食べに行く時間がないんだ。

　　　　　　：

👆 **上の会話を使って、自分たちの会話をしてみよう。**

👥👥 学校 (2) －確認してから受ける－

キム：ねえ、今、自転車、ある↑

ノア：うん。

キム：急いで銀行に行かなきゃならないんだけど、ちょっと借りてもいい↑

ノア：んー、もう少ししたら使おうと思ってるんだけど、どのくらいかかり　　◀ 事情を伝え時間を確認する

　　　そう↑

キム：30分くらいで返せると思うけど。

ノア：それなら、いいよ↗　　　　　　　　　　　　　　◀ 頼みを受ける

キム：ありがとう。

👆 **上の会話を使って、自分たちの会話をしてみよう。**

👤🗨 学校　(3) －条件を付けて受ける－

先輩：ヤンさん、①「江戸迷宮案内」の漫画、持ってるって言ってたよね↗

ヤン：ええ。

先輩：できたら、②それ、貸してもらえるかな。

ヤン：あのう、③明日本木さんに貸すことになってるんで、今晩だけで　　［条件を付け受ける］
　　　よかったら、かまいませんけど。

先輩：あそうなんだ。わかった。④必ず明日までに返すから。

　　　　　：

1)　①英語ができる　　　　　　②英語で書いた文章、見てもらえるかな。
　　③今手が離せないんで、4時ごろでもいいでしょうか。　　　　④じゃ、あとでよろしく。

2)　①将棋、できる　　　　　　②今週末にでも教えてもらえるかな。
　　③今週末は予定があるんで、来週末でしたら、かまいませんが…。　④ありがとう、よろしくね。

✋ 上の会話を使って、自分たちの会話をしてみよう。

練習2　相手の気持ちを配慮して頼みを断る

👥🗨 学校　(1) －事情を説明して間接的に断る－

鈴木：ノアさん、無理だったらいいんだけど、ちょっと①このパソコン見て
　　　くれない↗

ノア：どうしたの↗　　　　　　　　　　　　　　　　　　　　　　［状況を聞く］

鈴木：うん。②なぜか急に動かなくなっちゃって。

ノア：そうなんだ。それは困るよね。　　　　　　　　　　　　　［共感を示す］
　　　でも、③私（ぼく／おれ）はパソコンのこと、詳しくないんで…。　［事情を説明し間接的に断る］
　　　ごめん。

鈴木：あー、そっか。

ノア：④パソコンに強い人に聞いてくれる↗　　　　　　　　　　［配慮し他の提案をする］

鈴木：うん、わかった。ありがとう。　　　　　　　　　　　　　［会話を終わらせる］

1) 👥🗨 職場

①プレゼンの資料見てもらえない↗　　　　　　②主任にダメ出しされちゃったんだ。
③今日は会議が続いていて、あまり時間がないんで…。
④山田さんに聞いてみたら、どう↗

✋ 上の会話を使って、自分たちの会話をしてみよう。

👤 学校 (2) －受けたい気持ちを示して断る－

先輩：ノアさん、ちょっとお願いしたいことがあるんだけど。

ノア：はい、何でしょうか。

先輩：来月の連休に①国際マーケットというイベントがあって、②通訳の
　　　アルバイトの人を探しているんだけど、来てもらえないかなと思って。

ノア：そうですか。③いい経験になると思うんでお引き受けしたいんですが、　　受けたい気持ちを示し断る
　　　もう予定がありまして。

先輩：あ、そうなんだ。

ノア：すみません。お役に立てなくて。　　　　　　　　　　　　　　　　　　気持ちを伝える

先輩：いいよ、いいよ。気にしないで。他の人に頼んでみるから。

ノア：他に引き受けてくれる人がいるといいんですが…。　　　　　　　　　　コメントする

先輩：うん、ありがとね。　　　　　　　　　　　　　　　　　　　　　　　　会話を終わらせる

1)　①市民交流会　　　　　②手伝ってくれる人　　　　③おもしろそうなんでやりたい

👆 上の会話を使って、自分たちの会話をしてみよう。

👥 学校 (3) －断るが別の協力を申し出る－

ノア：今月の連休に引っ越しをしようと思って、手伝ってくれる人を探して
　　　いるんだけど。

キム：あー、そうなんだ。私(ぼく／おれ)はもう予定があって無理なんだ　　断るが協力を申し出る
　　　けど、他の人に聞いといてあげようか。

ノア：うん、できたらお願いしたい。

キム：わかった。誰かいたら、連絡するね↗

ノア：ありがとう。よろしく。　　　　　　　　　　　　　　　　　　　　　　会話を終わらせる

👆 上の会話を使って、自分たちの会話をしてみよう。

会話例を聞く　　　　　　　　　　　　　　　　　　音声 34、音声 35　

会話例1：－友達に昼ご飯を買って来てくれるように頼む－
会話例2：－先輩に日本語で書いた報告書のチェックを頼む－

使ってみよう

○会話で使う言葉

・「持ってるって言ってたよね」 「〜ている」⇒「〜てる」 「〜ていた」⇒「〜てた」

　「持っているって言っていたよね」⇒「持ってるって言ってたよね」

○表現のまとめ

・**頼む**：「貸してくれる↑」 「貸してもらえる↑」

　「貸してくれない↑」 　　　　　　「貸してもらえない↑」

　「貸してくれますか↑」 　　　　　「貸してもらえますか↑」

　「貸してくれませんか↑」 　　　　「貸してもらえませんか↑」

　「貸してくださいますか↑」 　　　「貸していただけますか↑」

　「貸してくださいませんか↑」 　　「貸していただけませんか↑」

　　　　　　　　　　　　　　　　　「貸していただけないでしょうか」

　「貸してくださいませんでしょうか」 「貸していただけませんでしょうか」

○関連語彙・表現

・**条件**：「条件を付ける」「条件を提示する」「条件を満たす」
・**どうしても**：「どうしても〜たい」　例）「どうしても理由を話してもらいたい」
　　　　　　　　　　　　　　　　　　　　　「どうしても友達に会いに行きたい」
　　　　　　「どうしても〜ない」　例）「どうしてもこの問題ができない」
　　　　　　　　　　　　　　　　　　　「考えたけど、どうしてもわからない」
・**急ぎ**：「急ぎの仕事がある」「急ぎでしなきゃならない」
・**役に立つ**：「他の人に役に立つ仕事をしたい」「役に立ったか、わからない」
　　　　　　　「役に立てなくて、ごめん」「お役に立てなくて、すみません」
・**〜でいい**：「おにぎりでいい？」「1時間くらいでいいんだけど」「白いのがないなら、黒で
　　　　　　いい」「ぼくはこの席でいいですので、先輩はこちらにどうぞ」

この課のポイント

①何かを頼む時、相手の気持ちを配慮して状況に応じた表現を使う。
②何かを頼んで断られても、相手とよい関係が続くように言葉を加える。
③頼まれた時、相手の気持ちや状況を配慮して自分の気持ちを言葉にして受けたり断ったりする。

会話する

会話例を参考にし、この課で学んだことを応用して会話してみましょう。
下のタスクカードをよく読んで、2人で始めから終わりまで会話します。
1回終わったら、頼む人と頼まれる人を交替してもう1度会話しましょう。

タスクカードA:
友達に頼む

あなたは、買いたい物（本、お弁当、チケット、パーティーの食べ物など）があります。でも、忙しくて、買いに行けません。友達に頼んでください。忙しい理由は自分で考えて、値段、買う場所、お金のことなど実際に買えるように話してください。

タスクカードB:
友達に頼まれる

あなたは、友達に何かを頼まれます。受けても断ってもいいです。受ける場合は条件を付けて受けてください。どんなものか、値段、買う場所、お金のことなど実際に買えるように聞いてください。断る場合は、理由を説明してください。

タスクカードA:
先輩に頼む

あなたは、職場で報告書（学校でレポート）を書きました。でも、日本語が正しいかわからないので、先輩にチェックしてもらいたいです。先輩に頼んでください。何枚ぐらいか、どんな内容か、何をいつまでにチェックするのかなどを話してください。

タスクカードB:
後輩に頼まれる

あなたは、今とても忙しいです。後輩に何かを頼まれますが、受けても断ってもいいです。受ける場合は条件を付けて受けてください。何枚ぐらいか、どんな内容か、何をいつまでにチェックするのかなどを聞いてください。断る場合は、理由を説明してください。

振り返る

どうでしたか。よいコミュニケーションができましたか。自分の会話を振り返って以下の振り返りシートに書き込んでください。

[○：できた　△：まあまあ　×：できなかった]

	第6課　気持ちを配慮して頼む・頼まれる　振り返りシート	
頼む	・相手の気持ちや状況を配慮して頼んだか。	○ △ ×
	・断られた時、雰囲気が悪くならないように返事ができたか。	○ △ ×
頼まれる	・頼んだ人の気持ちを配慮して、自分の気持ちを伝えられたか。	○ △ ×
	・頼みを断る時、相手を嫌な気持ちにしないように断れたか。	○ △ ×
全体	・勉強した表現をいろいろ使ってみたか。	○ △ ×
	・相手にわかりやすい順序で話せたか。	○ △ ×
	・相手の言ったことがわからない時、確認や聞き返しをしたか。	○ △ ×
	・相手の話を聞いている時、いろいろな相づちをうったか。	○ △ ×
	・会話を適切に終わらせることができたか。	○ △ ×
コメント	よかった点：_____	
	よくなかった点：_____	

振り返りを話し合う

それぞれどのように振り返ったかを、会話した相手と話し合ってみましょう。

なごやかに雑談をする

会話を始める

朝、友達に会った。
何を話そう。

昼ご飯を食べながら、
何を話そう。

飲み会であまり知らない人と
隣の席になった。

あなたは朝、友達に会った時
どんな話をしますか。

話してみる

みなさんはいつも友達や先輩とどんな話をしますか。なごやかに雑談できますか。今クラスメートに話しかけて、なごやかに雑談してみてください。

振り返る

会話はなごやかに続きましたか。1つの話題がすぐ終わったりしませんでしたか。相手の話もよく聞きましたか。

聞いて答える

音声 36

朝、友達に会った時、友達が音声のように言いました。何と答えますか。

練習 話題を提示する

学校 (1) －朝、友達に会って－

ノア：あ、おはよう。

ヤン：おはよう。

ノア：①やっと晴れたね／晴れたな。　　　　　　　　　話題を提示する

ヤン：うん。②やっぱり気持ちがいいよね。ずっと天気悪かったから。　コメントする

ノア：③そうだね／そうだな。久しぶりに傘持たずに来たよ。　　共感しコメントする

　　　　　　　⋮

1) 学校

①レポート、もう書いた↑　　　　②疲れちゃった。昨日徹夜して書いたんだ。

③すごい。私（ぼく／おれ）は、3時であきらめて寝たよ。

2) 学校

①やっと金曜日だね。　　　　　②なんか今週は疲れたなあ。

③そうだね。最近は課題が多すぎるよね。

3) 学校

①今日は蒸し暑いですね。　　　②天気予報で30度を超えて真夏日になるって言ってたよ↗

③そうなんですか。熱中症に気を付けないといけませんね。

✋ 上の会話を使って、自分たちの会話をしてみよう。

学校 (2) －友達と昼ごはんを食べながら－

ヤン：そういえば（さ）、①昨日の晩、地震あったよね。　　思い出したことを話題にする

キム：②えっ、気付かなかった。何時頃↑　　　　　　　質問やコメントをする

ヤン：③夜中の2時頃かな。

　　　　　　　⋮

1) 学校

①土曜日、サッカーの試合やってたんだけど、見た↑

②あー、見たかったんだけど、忙しくて見られなかったんだよねえ。

③そうなんだ。残念だったねえ、おもしろかったのに。

2) 学校

①先輩に聞いたんだけど、駅前のラーメン屋（さん）、来月で閉店するんだってね。

②えっ、ほんと。気に入ってたんだけど、残念だね。

③そうだよね。けっこうお客は入ってたみたいだけど。

3) 職場

①昨日ニュースで見たんですけど、また電気代が上がるそうですね。

②えっ、またですか↑　　　　　　③半年前に上がったばかりですけどね。

✋ 上の会話を使って、自分たちの会話をしてみよう。

⤵️職場 (3)－忘年会で隣に座ったあまり知らない人と－

全員：乾杯！
　　　　⋮

マン：①今日の料理、いろいろあっておいしそうですね。　　　　▶ 話題を提示する

山田：そうですね。②どれから食べたらいいか迷いますね。　　▶ 同意しコメントする

マン：③私／ぼくはこれから食べよう。これ、取りましょうか。　▶ コメントする

1) ①この店初めてなんですけど、雰囲気がいいですね。

　　②落ち着いた感じだし、店員さんもちゃんとしてますよね。

　　③人気があって、予約しないと入れないみたいですよ。

2) ①今日ここに来るの大変じゃなかったですか↑

　　②電車が止まってましたよね。　　　　③ええ、停電したみたいですね。

3) ①最近ずいぶんいろんなビールがありますよね。

　　②種類が多すぎて、覚えきれないですよね。

　　③本当ですね。でも、外国のビールもあって、違う味を楽しめますね。

👆 上の会話を使って、自分たちの会話をしてみよう。

😊💭**Q1 ヤンさんの応答で会話が続きますか？**

ノア：あ、おはよう。

ヤン：おはよう。

ノア：朝からすごくいい天気だね。

ヤン：うん。

😊💭**Q2 ロスさんの話し方はどうですか。鈴木さんはどんな気持ちだと思いますか？**

ロス：あ、ビール、頼みましょうか↑

鈴木：お酒は飲まないんで…。

ロス：なんでお酒を飲まれないんですか↑

鈴木：…。

会話を続ける
<かいわつづ>

友達と昼ご飯を食べながら、
<ともだち　ひる　はん　た>
楽しく話そう。
<たの　はな>

サークルの飲み会で
<の　かい>
会話が続くかな。
<かいわ　つづ>

朝、先輩に会って、話しかけられた。
<あさ　せんぱい　あ　はな>
何と答えよう。
<なに　こた>

どうしたら会話を続けることが
<かいわ　つづ>
できると思いますか。
<おも>

練習1　会話が続く応答をする
<れんしゅう><かいわ　つづ　おうとう>

 学校 (1)－友達と昼ご飯を食べながら－
<がっこう><ともだち　ひる　はん　た>

ノア：キムさん、今日も自転車で来たの↑
<きょう　じてんしゃ　き>

キム：①うん。ひどい雨じゃない限り、いつも自転車なんだ。
<あめ　かぎ　じてんしゃ>

ノア：②そうなんだ。じゃ、大雨の時は、どうやって来てるの↑
<おおあめ　とき　き>
　　　　：

情報を追加する
<じょうほう　ついか>

応答し質問やコメントをする
<おうとう　しつもん>

1) ①うん。自転車なら健康にもいいし、何よりお金がかかんないからね。
<じてんしゃ　けんこう　なに　かね>
　　②そうだよね。エコだしね。

2) ①ううん。なんかブレーキの調子が悪くて、修理に出してるんだ。
<ちょうし　わる　しゅうり　だ>
　　②そうなんだ。電車で来ると何分ぐらいかかる↑
<でんしゃ　く　なんぷん>

3) ①うん。家からだと自転車がいちばん早いんだよね。ノアさんは電車↑
<いえ　じてんしゃ　はや　でんしゃ>
　　②そう。自転車で来られないことはないんだけど、坂道が多いから、疲れるんだ。
<じてんしゃ　こ　さかみち　おお　つか>

☞ 上の会話を使って、自分たちの会話をしてみよう。
<うえ　かいわ　つか　じぶん　かいわ>

田中：おはよう。

ノア：おはようございます。

田中：あれ、①<u>ずいぶん荷物が多いね。</u>

ノア：②<u>あーこれですか。今日はサークルがあるんで、靴とか服が入ってる</u>　　　　　　応答し情報を追加する
　　　　<u>んです。</u>

田中：③<u>それでね。で、サークルは何してるの↑</u>　　　　　　　　　　　　　　　　　応答し質問する
　　　　⋮

1) ①今日は珍しく、ちょっと遅いね。

　　②そうなんです。起きるのがちょっと遅くなっちゃって、慌てて出て来たんです。

　　③あーそうなんだ。じゃ、朝ご飯抜きで来たわけ↑

2) ①大きいバッグだね。旅行でも行くの↑

　　②いえ。体がなまっちゃったんで、今晩ジムに行こうと思ってるんです。田中さん運動とかは↑

　　③私(ぼく／おれ)は、最近は運動不足だなあ。で、ジムは、どこ行っているの↑

☝ 上の会話を使って、自分たちの会話をしてみよう。

😊｡oｏQ ヤンさんの応答で会話が続きますか？

田中：あれ、今日はスーツにネクタイ↑

ヤン：ええ、そうなんです。

練習2 会話を続ける

学校 (1) －朝、友達に会って－

ヤン：あ、おはよう。

ノア：おはよう。

ヤン：やっと晴れたね。

ノア：うん。やっぱり気持ちがいいよね。ずっと天気悪かったから。　　　　　　　　コメントする

ヤン：そうだね。久しぶりに傘持たずに来たよ。

ノア：傘持ってくるの、面倒くさいからね。

ヤン：そうそう。すぐ置き忘れちゃうし。　　　　　　　　　　　　　　　　　　　　共感しコメントする

ノア：そうだよね。私(ぼく／おれ)なんか何本買ったかわかんないぐらい傘買ってる。

ヤン：私んち(ぼくんち／おれんち)も、なんかやたら傘があるよ。
　　　⋮

☝ 上の会話を使って、自分たちの会話をしてみよう。

👥 学校 (2) －友達と昼ごはんを食べながら－

鈴木：そういえば（さ）、昨日の晩、地震あったよね。

ノア：えっ、そうなの↑　何時頃↑　　　　　　　　　　　　　　`応答し質問する`

鈴木：2時頃かな。

ノア：夜中だよね。　　　　　　　　　　　　　　　　　　　　　`確認する`

鈴木：うん。

ノア：全然気が付かなかった。　　　　　　　　　　　　　　　　`コメントする`

鈴木：ほんと↑　あんなに揺れたのに。ぐっすり寝てたんだねえ。　`コメントする`

ノア：そうだね。でも気が付かなくてよかった。　　　　　　　　`同意しコメントする`

鈴木：どうして↑　　　　　　　　　　　　　　　　　　　　　　`質問する`

ノア：地震って怖いじゃない。私（ぼく／おれ）の国では地震がないからね。　`情報を追加する`

鈴木：あそっか。地震がない国から来たら、そりゃ怖いよね。　　`共感しコメントする`

ノア：聞いてはいたけど、日本は地震が多いよねえ。　　　　　　`コメントする`

　　　：

✋ **上の会話を使って、自分たちの会話をしてみよう。**

👥 職場 (3) －忘年会で隣に座ったあまり知らない人と－

マン：今日の料理、いろいろあっておいしそうですね。

山田：そうですね。どれから食べたらいいか迷いますね。　　　　`同意しコメントする`

マン：私／ぼくはこれから食べよう。これ、取りましょうか。

山田：あ、すみません。ありがとうございます。

　　　マンさんは、食べ物に好き嫌いとかはないんですか↑　　`新しい話題を提供する`

マン：別にないですね。けっこう何でも食べます。　　　　　　　`情報を追加する`

山田：そうですか。よく聞かれるかもしれませんけど、納豆とかも　`さらに質問する`

　　　大丈夫ですか↑

マン：ええ、好きというわけじゃないんですけど、食べられます。　`情報を追加する`

　　　安くて栄養があるんで、時々食べるんです。

　　　：

✋ **上の会話を使って、自分たちの会話をしてみよう。**

会話例を聞く　　　　　　　　　　　　　　🔊 音声37、音声38

会話例1：－朝、友達に会って、歩きながら話す－
会話例2：－懇親会で隣に座ったあまり知らない人と話す－

使ってみよう

○会話で使う言葉

- 「やっと晴れた**ね**／晴れた**な**」「そうだ**ね**／そうだ**な**」

    「〜な」は、男性っぽい文末の表現とされていて、くだけた話し方の時に使います。

- 「そういえば(**さ**)」(くだけた言い方)

    「そういえば**さ**、この前**さ**、コンビニに行ったら**さ**、…」

- 「**で**、サークルは何してるの↑」「それで、」⇒「で、」

    「<u>それで</u>、サークルは何してるの↑」⇒「<u>で</u>、サークルは何してるの↑」

- 「**いろんな**ビール」「いろいろな」⇒「いろんな」

    「<u>いろいろな</u>ビール」⇒「<u>いろんな</u>ビール」

- 「**かかんない**」「かからない」⇒「かかんない」

    「お金が<u>かからない</u>」⇒「お金が<u>かかんない</u>」

- 「**それでね**」(納得)「それで(だから)、そうなんだね」⇒「それでね」

- 「**そりゃ**、怖いよね」「それは」⇒「そりゃ」

    「<u>それは</u>、怖いよね」⇒「<u>そりゃ</u>、怖いよね」

    「<u>それは</u>そうだね」⇒「<u>そりゃ</u>そうだね」

- 「**おれんち**」「〜のうち」⇒「〜んち」

    「<u>私の</u>うち／<u>ぼくの</u>うち／<u>おれの</u>うち」

    ⇒「<u>私ん</u>ち(あたし**ん**ち)／<u>ぼくん</u>ち／<u>おれん</u>ち」

○関連語彙・表現

- 「**〜わけじゃない**」:「好きというわけじゃない」「成績が特別いいわけじゃない」

- 「**〜わけ↑**」:A「起きるのがちょっと遅くなっちゃって、慌てて出て来たんです。」

    　　　　　　B「あーそうなんだ。じゃ、朝ご飯抜きで来た**わけ↑**」

    相手が言ったことを受けて、そこから考えられることを相手に確認する。

    　　　　　　A「野菜があまり好きじゃないんだ」

    　　　　　　B「そうなんだ。じゃ、野菜をぜんぜん食べない**わけ↑**」

- **話**:

    「話が合う」:「Aさんと話が合う」「Aさんと話が合わない」「Aさんに話を合わせる」

    「話がはずむ」:「話がはずんで、あっという間に時間が過ぎた」

    「話が途切れる」:「緊張していて、話がすぐ途切れてしまった」

- **おしゃべり**:「友達とおしゃべりをするのは楽しい」「Aさんはおしゃべりだ」「Aさんは

    　　　　　　おしゃべりな人だ」

- **話題**:「Aさんは話題が豊富だ」「ここで話題を変えよう」

- **盛り上げる／盛り上がる**:「場を盛り上げる」「昨日のパーティーは盛り上がった」

- **間**:「話題がなくて、間が持たない」「間が悪いことに、先輩は出張でいない」

この課のポイント

①相手や状況に合わせた話題を選んで会話を始める。
②相手の言ったことに関心や共感を示す相づちをうったり、質問をしたりする。
③会話が続くように情報追加やコメントをする。

会話する

会話例を参考にし、この課で学んだことを応用して会話してみましょう。
下のタスクカードをよく読んで、2人で始めから終わりまで会話します。
<u>途中でBから違う話題を提示し、2つ以上の話題で会話をしてください。</u>

タスクカードA:
友達に話しかける

あなたは、友達と昼ご飯を食べています。最近気になっていることやニュースなどについて友達に話しかけてください。なごやかに会話が続くように同意したり共感を示したりしながら、情報追加や質問、コメントなどをしてください。

タスクカードB:
友達と話す

あなたは、友達と昼ご飯を食べています。友達が話しかけるので、答えてください。なごやかに会話が続くように同意したり共感を示したりしながら、情報追加や質問、コメントなどをしてください。

タスクカードA:
先輩に話しかける

あなたは、朝、先輩に会いました。挨拶をしてから、話しやすい話題を選んで、話しかけてください。なごやかに会話が続くように同意したり共感を示したりしながら、情報追加や質問、コメントなどをしてください。

タスクカードB:
後輩と話す

あなたは、朝、後輩に会いました。後輩が話しかけるので、答えてください。なごやかに会話が続くように同意したり共感を示したりしながら、情報追加や質問、コメントなどをしてください。

振り返る

どうでしたか。よいコミュニケーションができましたか。自分の会話を振り返って以下の振り返りシートに書き込んでください。

[○：できた　△：まあまあ　×：できなかった]

第7課　なごやかに雑談をする　振り返りシート		
会話を始める	・相手に応じて、話しやすい話題を選んで話し始められたか。	○　△　×
	・自然な流れで話題を提示することができたか。	○　△　×
会話を続ける	・相手が言ったことに共感を示して、コメントできたか。	○　△　×
	・質問された時、情報を追加して答えることができたか。	○　△　×
	・相手の言ったことに関心を示して、質問することができたか。	○　△　×
全体	・勉強した表現をいろいろ使ってみたか。	○　△　×
	・相手にわかりやすい順序で話せたか。	○　△　×
	・相手の言ったことがわからない時、確認や聞き返しをしたか。	○　△　×
	・相手の話を聞いている時、いろいろな相づちをうったか。	○　△　×
コメント	よかった点：………………………………………………………………	
	よくなかった点：…………………………………………………………	

振り返りを話し合う

それぞれどのように振り返ったかを、会話した相手と話し合ってみましょう。

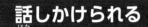

第8課 立場や状況を配慮して目上の人と話す
たちば じょうきょう はいりょ めうえ ひと はな

話しかけられる
はな

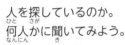

人を探しているのか。
ひと さが
何人かに聞いてみよう。
なんにん き

先生に頼まれた。用事がない
せんせい たの ようじ
ので、引き受けよう。
ひ う

上司に仕事を指示された。
じょうし しごと しじ
しっかりやろう。

あなたは先生や上司からどんなことで
せんせい じょうし
話しかけられたことがありますか。
はな

話してみる
はな

　今までに先生や上司などの目上の人から話しかけられたことがありますか。目上の人にメールの翻
いま せんせい じょうし めうえ ひと はな めうえ ひと ほん
訳を頼まれた時の会話をしてみましょう。
やく たの とき かいわ

振り返る
ふ かえ

　どうでしたか。失礼のないように丁寧な表現を使って、会話ができましたか。自分の状況を説明し
しつれい ていねい ひょうげん つか かいわ じぶん じょうきょう せつめい
ましたか。相手のことも考えましたか。
あいて かんが

聞いて答える
き こた

音声 39
おんせい

先生や上司に音声のように言われました。何と答えますか。
せんせい じょうし おんせい い なん こた

練習1 立場を配慮して答える

🧑🏫 学校 －目上の人に話しかけられる－

先生：ノアさん、①今ちょっといいですか↑

ノア：②はい。何でしょうか。 　　　　　　　　　　　**丁寧に応答する**

　　　　：

1) **🧑🏫 学校**

　①ちょっと話があるんだけど、今いいかな↑　　②はい。何でしょうか。

2) **🧑🏫 学校**

　①ちょっと聞きたいことがあるんですけど、今いいですか↑

　②はい。どのようなことでしょうか。

3) **🧑🏫 職場 －仕事中に上司に話しかけられる－**

　①今ちょっといいかな。　　　　　　　②はい。かまいませんが。

✋ **上の会話を使って、自分たちの会話をしてみよう。**

😀 **Q1 マンさんの答え方の丁寧さは適切ですか？**

上司：マンさん、今ちょっといいですか↑

マン：はい、いいですよ。

練習2 仕事を指示されて、理解を明確に示し引き受ける

🧑🏫 職場 －上司の高橋さんに仕事を指示される－

高橋：マンさん、①実は今度の金曜日にピース社のヒルさんが来日するんで、

　　　空港に迎えに行ってほしいんだけど、いいかな。

マン：②金曜日ですね。承知いたしました。 　　　**確認し引き受ける**

高橋：詳しいことは、山田さんが知ってるから。

マン：はい。山田さんに伺います。 　　　　　　　**理解を明確に示す**

　　　　：

1) ①今度の金曜日の会議で通訳してもらいたいんだけど、いいよね。

　②はい。金曜日の会議ですね。承知いたしました。

2) ①今度立ち上げたプロジェクトのチームに、マンさんにも入ってほしいと思っているんだけど。

　②新しいプロジェクトですね。ありがとうございます。喜んでお引き受けいたします。

✋ **上の会話を使って、自分たちの会話をしてみよう。**

😀 **Q2 マンさんの答え方の丁寧さは適切ですか？**

上司：マンさん、今度の会議では新しいプロジェクトのプレゼン、頼むよ。

マン：はい、了解です。

練習3　頼まれて的確に応答する

職場 (1)－上司の高橋さんに頼まれて引き受ける－

高橋：マンさん、ちょっと頼みたいことがあってね。

マン：はい。どのようなことでしょうか。　　　　　　　　　　丁寧に応答する

高橋：①来週ピース社のヒルさんが見えることは、知ってるよね。

マン：はい、存じております。　　　　　　　　　　　　　　　丁寧に応答する

高橋：②打ち合わせの後、会食に行くことになったんだけど、ヒルさんの部下
　　　の方がベジタリアンらしくてね。どこかいい店があるか調べてくれる
　　　かな。

マン：③かしこまりました。場所はどの辺がよろしいでしょうか。　引き受け詳細を聞く
　　　　　：

1) **学校** －研究室の先生に頼まれる－

①来月学会があることは、知ってるよね。

②受付をしてくれる人を探しているんだけど、お願いできるかな。

③受付ですね。承知しました。何時から何時まででしょうか。

☞ 上の会話を使って、自分たちの会話をしてみよう。

職場 (2)－上司の高橋さんに頼まれて返事を保留する－

高橋：マンさん、ちょっと相談があるんだけど、いいかな。

マン：はい、どうされましたか↑　　　　　　　　　　　　　　丁寧に応答する

高橋：①山本さんが、来月から産休に入ることは、知ってるよね。

マン：はい、伺いました。　　　　　　　　　　　　　　　　　丁寧に応答する

高橋：②山本さんが担当している企画営業の人手が足りなくなるそうなんだよ。
　　　それで、主任の山田さんが困っていてね。マンさんに手伝ってほしいと
　　　言っているんだけど、どう↑　できそうかな。

マン：そうですか…。

高橋：今の③業務の状況にもよるだろうから、来週末までに考えてみて。
　　　無理しなくていいからね。

マン：④はい。あの、是非チャレンジしてみたいと思うのですが、山本さんに　的確に考えを伝え
　　　どのような仕事内容か伺ってから、お返事してもよろしいでしょうか。　返事を保留する
　　　　　：

1) **学校** －研究室の先生に頼まれる－

①来学期のティーチングアシスタントを募集していることは知ってるよね。

②できれば、去年授業を取っていたリーさんになってほしいんですけど、どうでしょうか。

③研究

④はい。できましたら、させていただきたいんですが、就活が始まりますので、後日お返事させ
　ていただいてもよろしいでしょうか。

☞ 上の会話を使って、自分たちの会話をしてみよう。

72

👤👤[職場] (3) －返事を保留したことを後日断る－

マン：高橋さん、今よろしいでしょうか。

高橋：うん、いいよ。何↑

マン：先日お話しいただいた山本さんの業務の件なのですが…。　　　　**◀ 用件を提示する**

高橋：うん、どうなったかな。

マン：大変申し訳ございませんが、お断りさせていただきたいと思いまして。　**◀ 気持ちを伝え配慮し断る**

高橋：そうなんだね。やっぱり現行業務が忙しいかな。

マン：いいえ、時間は何とか調整できそうだったのですが、先日山本さん　　**◀ 理由を言う**
　　　に業務内容をお聞きしたところ、私自身実績のない業務が多く、山
　　　本さんの分を支援するには、今の私では力不足だと感じたものです
　　　から。

高橋：そっか、わかった。いろいろ考えてくれてありがとう。山田さんに伝
　　　えておくから。

マン：はい、よろしくお願いいたします。では、失礼いたします。　　　　**◀ 会話を終わらせる**

👆 **上の会話を使って、自分たちの会話をしてみよう。**

練習4 **相談されたことに的確に対応する**

👤👤[学校]

事務員：リーさん、ちょっと聞きたいことがあるんですけど、いいですか↑

リー　：はい。どのようなことでしょうか。　　　　　　　　　　　　　　**◀ 丁寧に応答する**

事務員：来月の市民交流会で自国のことを紹介してくれる外国の方を探してい
　　　　るんです。

リー　：あー、以前私が中国の紹介をしたイベントですね。　　　　　　　**◀ 応答し確認する**

事務員：そうなんですよ。今回は5か国くらいの紹介ができたらと思っている
　　　　んですけど、リーさん、誰かやってくれそうな人、知っていますか↑

リー　：5か国ということですが、どこの国でもよろしいですか↑　　　　**◀ 確認する**

事務員：今回は東南アジアやアフリカの方が来てくださったら、嬉しいです。

リー　：わかりました。紹介する時間はどのくらいでしょうか。　　　　　**◀ 応答し詳細を聞く**

事務員：20分程度と考えていますが、少しぐらいなら前後しても大丈夫です。

リー　：そうですか。わかりました。それでは、まず私が当たってみましょう　**◀ 応答し協力を申し出る**
　　　　か。

事務員：あ、リーさんが聞いてくれますか。助かります。
　　　　　　　⋮

👆 **上の会話を使って、自分たちの会話をしてみよう。**

話しかける
<small>はな</small>

レポートの提出遅れちゃった。
先生に謝らなくちゃ。
<small>ていしゅつおく</small>
<small>せんせい　あやま</small>

先生に推薦状を書いてもらいたい
ので、頼んでみよう。
<small>せんせい　すいせんじょう　か</small>
<small>たの</small>

報告書を書いたから、
主任に見てもらわないと。
<small>ほうこくしょ　か</small>
<small>しゅにん　み</small>

あなたは先生や上司にどんなことで
話しかけなければなりませんか。
<small>せんせい　じょうし</small>
<small>はな</small>

練習1 **目上の人に話しかける**
<small>れんしゅう</small>　<small>めうえ　ひと　はな</small>

【学校】　－先生の部屋に来て－
<small>がっこう</small>　<small>せんせい　へや　き</small>

キム：①先生、今ちょっとよろしいでしょうか。　　　　　　都合を聞く
　　　<small>せんせい　いま</small>　　　　　　　　　　　　　　　　　　　<small>つごう　き</small>

先生：②はい。何ですか↗
<small>せんせい</small>　　　<small>なん</small>

キム：③実は、お願いしたいことがあるんですが…。　　　　用件を提示する
　　　<small>じつ</small>　<small>ねが</small>　　　　　　　　　　　　　　　　　　<small>ようけん　ていじ</small>

先生：はい。
<small>せんせい</small>
　　　　：

1) 【職場】
　<small>しょくば</small>
　①主任、今ちょっとよろしいですか↗　　　　　②うん、いいよ↗　何↗
　<small>しゅにん　いま</small>　　　　　　　　　　　　　　　　　　　　　　　<small>なに</small>
　③あの、お伺いしたいことがあるんですが…。
　　　　<small>うかが</small>

2) 【職場】
　<small>しょくば</small>
　①店長、今よろしいですか↗　　　　　　　　②ええ、いいですよ↗
　<small>てんちょう　いま</small>
　③ちょっとご報告したいことがあるんですが…。
　　　　　　<small>ほうこく</small>

☞ 上の会話を使って、自分たちの会話をしてみよう。
<small>うえ　かいわ　つか　じぶん　かいわ</small>

74

学校 (1)－先生に推薦状を頼む－
がっこう せんせい すいせんじょう たの

リー：あのう、①先生、お願いしたいことがあるんですが…。　用件を提示する
　　　　　せんせい　ねが　　　　　　　　　　　　　　　　　　　　ようけん　ていじ

先生：はい。どんなことですか↑
せんせい

リー：②今、大学院入試の準備をしているんですが…。　　　事情を説明する
　　　　いま　だいがくいんにゅうし　じゅんび　　　　　　　　　　じじょう　せつめい

先生：③そうなんですか。
せんせい

リー：④それで、推薦状を提出しなければならないんです。⑤お忙しい　事情を説明し配慮して頼む
　　　　　すいせんじょう　ていしゅつ　　　　　　　　　　いそが　　　じじょう　せつめい　はいりょ　たの
　　　ところ申し訳ありませんが、書いていただけないでしょうか。
　　　　　もう　わけ　　　　　　か
　　　　　　　⋮

1) **職場**
　しょくば

①高橋さん　　②実は、家族が入院してしまいまして。　　③それは大変ですね。
　たかはし　　　じつ　かぞく　にゅういん　　　　　　　　　　　　　　　　たいへん

④それで、面倒をみなければならなくなってしまったものですから…。
　　　　めんどう

⑤大変申し訳ありませんが、今週いっぱい休みを取らせていただけませんか↑
　たいへんもう　わけ　　　　　　こんしゅう　　　　やす　と

2) **職場**
　しょくば

①高橋さん　　②新しいプロジェクトが始まると伺ったんですが…。　③そうなんですよ。
　たかはし　　　あたら　　　　　　　　　はじ　　うかが

④大変興味深い内容ですし、私が担当しております仕事と関係もありますので、
　たいへんきょうみぶか　ないよう　　　わたし　たんとう　　　　　　　しごと　かんけい

⑤よろしければ私も是非参加させていただけませんでしょうか。
　　　　　　わたし　ぜひさんか

☞上の会話を使って、自分たちの会話をしてみよう。
　うえ　かいわ　つか　　じぶん　　　かいわ

学校 (2)－先生に約束の変更を頼む－
がっこう せんせい やくそく へんこう たの

ノア：あのう、①来週の月曜日の約束のことで、　　　　　用件を提示する
　　　　　　らいしゅう　げつようび　やくそく　　　　　　　　　ようけん　ていじ
　　　お願いしたいことがあるんですが…。
　　　ねが

先生：②あー、3時からの約束のことですね。
せんせい　　じ　　　やくそく

ノア：はい。③申し訳ないのですが、他の日に変えていただくことは　配慮して変更を頼む
　　　　　もう　わけ　　　　　ほか　ひ　か　　　　　　　　　　　はいりょ　へんこう　たの
　　　できますでしょうか。

先生：それは困りましたね。どうしたんですか↑
せんせい　　こま

ノア：あのう、④実はインターンシップの申し込みをした会社から連絡が　事情を説明する
　　　　　　じつ　　　　　　　　　　もう　こ　　　　　かいしゃ　れんらく　　　じじょう　せつめい
　　　ありまして、月曜日の2時からオンライン面接を受けることになった
　　　　　　　　げつようび　じ　　　　　　　　めんせつ　う
　　　んです。

先生：あー、そうなんですか。
せんせい
　　　　　　　⋮

1) **職場**
　しょくば

①来週月曜日までに提出する企画書のことで　②あー。あの企画書のことね。
　らいしゅうげつようび　　　ていしゅつ　きかくしょ　　　　　　　　　きかくしょ

③あの、申し上げにくいのですが、あと1日2日、お時間をいただけますでしょうか。
　　　もう　あ　　　　　　　　　　いちにち　ふつか　じかん

④実は、調査データに少し問題がありまして、再調査したものですから、データ処理が間に合い
　じつ　ちょうさ　　　　すこ　もんだい　　　　　　さいちょうさ　　　　　　　　　　　　しょり　ま　あ
　そうにないんです。

☞上の会話を使って、自分たちの会話をしてみよう。
　うえ　かいわ　つか　　じぶん　　　かいわ

練習3　立場や状況を配慮して確認を頼む

👤👤職場　－上司に書類の確認を頼む－

　　　：（話しかけ、都合を聞いてから）

マン：あのう、①先日の報告書のことなんですが…。　　　用件を提示する

上司：あー、対応ありがとうね。もう完成したかな↑

マン：はい、②書き終わりましたが、図が多くなりすぎたかもしれません。

　　　お忙しいところお手数をおかけしますが、ご確認いただけます　　　配慮して確認を頼む

　　　でしょうか。

上司：了解。今日中に確認して連絡するね。

マン：ありがとうございます。ご指摘の点はすぐに確認し対応いたします　　　今後の対応を伝え

　　　ので、よろしくお願いいたします。では、失礼いたします。　　　会話を終わらせる

1)　①今回のプロジェクトの企画書
　　②いったん書き終えたのですが、分析結果の内容が伝わりにくいかもしれません。

☝上の会話を使って、自分たちの会話をしてみよう。

練習4　丁寧に謝る

👤👤学校　－先生に謝る－

ヤン：①先生、レポートの提出が遅くなり、申し訳ありませんでした。　　　まず謝る

先生：②どうしたんですか↑　締め切りは月曜日の「昼12時」と書いてあり
　　　ましたよね。

ヤン：はい。③「昼」という文字を見落としてしまって、夜中の12時だと　　　自分の誤りを伝える
　　　思ってしまったんです。

先生：そうですか。これからは気を付けてください。

ヤン：以後気を付けます。本当に申し訳ありませんでした。　　　反省を伝え再度謝り会話を終わらせる

1)　👤👤職場　－職場の会議の後で－
　　①主任、資料の部数が足りなくなってしまい、大変申し訳ありませんでした。
　　②困るね。65部と言ったはずですけど。
　　③主任は65部とおっしゃったのですが、私が勘違いをしてしまいまして、60部しか準備してお
　　　りませんでした。

☝上の会話を使って、自分たちの会話をしてみよう。

会話を聞く

音声40、音声41　

会話例1：－先生に約束の時間の変更を頼む－
会話例2：－上司に報告書の確認を頼む－

使ってみよう

○改まった言葉

- ・**「後日」**（明日以降）
- ・**「先日」**（少し前の日）「このあいだ」⇒「先日」
- ・**「それでは」**「じゃ」⇒「それでは」

○表現のまとめ

〈尊敬語〉

- ・**お**［動詞マス］**になる**：「お帰りになります」「お読みになります」「お使いになります」
- ・**いらっしゃる**⇒来る・行く・いる　「チーフがいらっしゃいます」
- ・**おっしゃる**⇒言う　「先生がおっしゃいました」
- ・**見える**⇒来る　「田中先生が見えます」「社長がお見えになります」
- ・**「よろしいですか↑」**⇒「いいですか↑」

〈謙譲語〉

- ・**お**［動詞マス］**する**：「お引き受けします」「お引き受けいたします」
- ・**ご**［動詞マス］**する**：「ご案内します」「ご案内いたします」「ご紹介します」「ご紹介いたします」
- ・**いたす**⇒する　「修正いたします」「ご案内いたします」
- ・**おる**⇒いる　「家におります」「私がここにおります」
- ・［動詞テ形］**おる**：「思っております」「存じております」
- ・**伺う**⇒聞く／質問する　「田中さんに伺います」
　　　　　　行く／訪問する　「田中さんのお宅に伺います」
- ・**「かまいません」**⇒「いいです」「ご案内するのはかまいませんが」
- ・**「存じております」**　⇒「知っています」「その件については存じております」
- ・**「承知しました」**：「承知しました」「承知いたしました」
- ・**「ご確認いただけますでしょうか」**「書いていただけないでしょうか」「書いていただけませんでしょうか」「書いていただくことはできますでしょうか」
- ・**「休みを取らせていただけませんか」**

○関連語彙・表現

面倒：「子供の面倒を見る」「面倒を見てもらう」「先輩に面倒をかける」「ごみの分別は面倒くさい」

この課のポイント

①目上の人と話す時、相手の立場や状況を配慮して、敬語を使用し適切な丁寧さで話す。

②目上の人と話す際、内容を理解できなかった時は、聞き返したり確認したりして、確実に内容を理解できるようにする。

③目上の人に用事があって話しかける時は、順序立てて用件をわかりやすく話す。

会話例を参考にし、この課で学んだことを応用して会話してみましょう。
下のタスクカードをよく読んで、2人で始めから終わりまで会話します。
1回終わったら、目上の人と目下の人を交替してもう1度会話しましょう。

 タスクカードA：
先生に頼む

> あなたは、大学院に入りたいです（就職活動をしています）。先生の推薦状が必要です。先生に丁寧に頼んでください。どこに提出するのか、どんなことを、どのくらい書くのか、いつまでに書くのかなど、詳しく話してください。

タスクカードB：
学生に頼まれる

> あなたは、先生です。学生に推薦状を頼まれます。受けても断ってもいいです。受ける場合はどこに提出するのか、どんなことを、どのくらい書くのか、いつまでに書くのかなど、詳しく聞いてください。断る場合は、納得がいく理由を説明してください。

 タスクカードA：
部下に仕事を指示する

> あなたは、会社員です。来週の金曜日にピース社のロスさんが、来日します。部下にロスさんを迎えに行くように指示してください。何時ごろどこに着くのか、何時ごろ、どうやって（電車、車など）迎えに行くのか話してください。

タスクカードB：
上司に仕事を指示される

> あなたは、会社員です。上司に仕事を指示されます。よく聞いて、丁寧に応答してください。時間や場所、方法、また誰かと一緒に行くのかなど、詳しいことを聞いてください。

振り返る

どうでしたか。よいコミュニケーションができましたか。自分の会話を振り返って以下の振り返りシートに書き込んでください。

[○：できた　△：まあまあ　×：できなかった]

第8課　立場や状況を配慮して目上の人と話す　振り返りシート		
話しかけられる	・相手の立場を配慮し失礼のないように適切な丁寧さで答えたか。	○　△　×
	・相手が話した内容を確実に理解し、理解したことを示したか。	○　△　×
話しかける	・相手にわかりやすいように順序立てて明確に話せたか。	○　△　×
	・用件を伝える時、相手の状況を配慮して丁寧に話せたか。	○　△　×
全体	・勉強した表現をいろいろ使ってみたか。	○　△　×
	・相手にわかりやすい順序で話せたか。	○　△　×
	・相手の言ったことがわからない時、確認や聞き返しをしたか。	○　△　×
	・相手の話を聞いている時、いろいろな相づちをうったか。	○　△　×
コメント	よかった点：_____ よくなかった点：_____	

振り返りを話し合う

それぞれどのように振り返ったかを、会話した相手と話し合ってみましょう。

第9課 意向を配慮してアドバイスをする・求める

アドバイスを求める

> 家族が日本に来るけど、どこに連れて行こうかな。

> 友達の国に行きたい。どこに行ったらいいかな。

> 大変！忘年会の幹事になっちゃった。先輩に聞こう。

あなたは最近誰かにアドバイスを求めましたか。

話してみる

あなたの家族や国の友達が日本に遊びに来たら、どこに案内したいですか。クラスメートにどこがいいと思うかを聞いてください。

振り返る

どうでしたか。いろいろなことを詳しく聞けましたか。自分の意向を伝えて聞くことができましたか。

考える

友達にアドバイスを求める時、何と言って会話を始めますか。

事情を説明してアドバイスを求める

👥🏫 **(1)－友達にアドバイスを求める－**

ノア：鈴木さん、今ちょっといい↑　　　　　　　　　　　　　　▸ 都合を聞く

鈴木：うん、いいけど。

ノア：ちょっと ①教えてほしいことがあるんだけど。　　　　　　▸ 用件を提示する

鈴木：何↑

ノア：②来月、家族が日本に遊びに来るんだけど、どこに連れて行ったら　　▸ 事情を説明しアドバイスを求める
　　　いいかな。

　　　　　　⋮

1)　①聞きたいことがあるんだけど。

　　②今週末、国の友達を案内しようと思うんだけど、東京でどこかお勧めの穴場ってある↑

2)　①聞きたいんだけど。

　　②夏休みにどこかに旅行したいんだけど、安く行けるところで、あまり観光客が多くないお勧めの
　　　スポットってあるかな。

3)　①教えてほしいんだけど。

　　②日本の伝統的な文化を体験できるところを探してるんだけど、どこか知ってる↑

👆 **上の会話を使って、自分たちの会話をしてみよう。**

👤🏫 **(2)－先輩にアドバイスを求める－**

ヤン：先輩、ちょっといいでしょうか。　　　　　　　　　　　　▸ 都合を聞く

先輩：いいよ。何↑

ヤン：先輩は、①北海道のご出身でしたよね↗　　　　　　　　　▸ 確認し話題を提示する

先輩：うん、②そうだよ。

ヤン：③北海道はいいところだとよく聞くんで、いつか行きたいと思って　　▸ 事情を説明する
　　　るんですけど。

先輩：そう。それはいいね。

ヤン：④はい。でも、北海道は広いので、どこに行ったらいいか迷って　　▸ 事情を説明しアドバイスを求める
　　　いるんです。

先輩：そうか。いいよ↗　何でも聞いて。

　　　　　　⋮

1)　①イギリスに留学されたことがありますよね↗　　　　　　　②あるよ。

　　③私も来年ぐらいにイギリスに留学したいと思っているんですけど。

　　④それで先輩の経験やアドバイスなどを伺いたいと思いまして。

2)　①マルニ商事に就職が決まったとお聞きしたんですけど。　　②よく知ってるね。

　　③マルニ商事はとてもいい会社で学生にも人気があるんで、私も興味があるんです。

　　④それで会社の雰囲気とか、内定をもらうまでの過程などを詳しくお聞きしたいんですけど。

👆 **上の会話を使って、自分たちの会話をしてみよう。**

練習2 自分の意向を伝えてアドバイスを求める

学校 (1)－友達にアドバイスを求める－

ノア：キムさん、ちょっと聞きたいことがあるんだけど。 — 用件を提示する

キム：うん、何↑

ノア：実は、夏休みに韓国に行こうと思ってるんだけど、 — 事情を説明しアドバイスを求める
　　　①どこに行ったらいいのかなって思って。

キム：ほんと。うれしい。どこがいいかなあ。

ノア：②初めてなんで、おいしい韓国料理を食べたり、 — 意向を伝える
　　　美容グッズを買ったりしたいんだ。

キム：あー、それなら…
　　　　　　　:

1) ①どこかお勧めの場所があったら、教えてくれる↑

　　②3年前にソウルに行ったんで、違うところに行きたいんだけど。

2) ①お勧めの場所を教えてもらおうと思って。

　　②歴史に興味があるんで、伝統的な建物とか歴史的な町並みが見られるところに行きたいんだ。

☞ 上の会話を使って、自分たちの会話をしてみよう。

職場 (2)－職場の先輩にアドバイスを求める－

マン：山田さん、お聞きしたいことがあるんですが…。 — 用件を提示する

山田：はい、何ですか↑

マン：実は、忘年会の幹事になったんですが、どんなところにしたらいいか — 事情を説明しアドバイスを求める
　　　教えていただきたいんですが…。

山田：そうか。毎年幹事が変わって、いろいろなお店に行けるのが楽しみなんですよ。

マン：そうなんですか。

山田：だから、マンさんが好きなところを選んだらいいと思いますよ↗

マン：そうですか。私はやっぱりおいしいものが食べられるところがいいと — 意向を伝える
　　　思うんです。

山田：それは、いいですね。でも、高すぎないところがいいですよ↗
　　　　　　　:

☞ 上の会話を使って、自分たちの会話をしてみよう。

Q1 アドバイスを求める時、マンさんの表現は適切ですか？

マン：山田さん、ちょっと質問があるんですが…。

山田：えっ、どんな質問↑

Q2 ノアさんのアドバイスを求める表現は正しいですか？

ノア：紅葉の季節に京都に行こうと思っているんだけど、どこに行ったほうがいいかな。

鈴木：そうだねえ…。紅葉を見るなら、嵐山とか上賀茂神社とかがいいと思う。

アドバイスをする

東京のお勧めの場所ね。
やっぱり、浅草かな。

友達が私の国に旅行に行くって。
どこをお勧めしようかな。

カナダの会社の人へのお土産？
何がいいかな。

友達にあなたの国や地域で旅行にいい場所を聞かれたら、どこをお勧めしますか。

練習1　**アドバイスをする**

👥👥**学校**　－友達に日本のお勧めの場所をアドバイスする－

ヤン：ノアさん、今ちょっといい↑

ノア：うん、いいけど。

ヤン：ちょっと教えてほしいことがあるんだけど。

ノア：何↑

ヤン：来週、友達が遊びに来るんだけど、どこに連れて行ったらいいと思う↑

ノア：そうだなあ。　①定番だけど、浅草がい(い)んじゃない↑　　　　　　　　アドバイスする

ヤン：　②そうだね。初めてだったら、やっぱり浅草だね。
　　　　　　　　　　　　…

1)　①どんなことに興味があるかわからないけど、伏見稲荷はどうかな。

　　②人気があるところだけど、友達は京都に行ったことがあるんだ。

2)　①ちょっとお金がかかるけど、スカイツリーは↑　眺めがいいよ。

　　②それもいいかも。天気がよければいいよね。

3)　①友達が何に興味があるかわからないけど、東京らしい所で、都会的な渋谷とか秋葉原はどう↑

　　②それもいいけど、友達は伝統的な文化とかに興味があるみたいで。

✋上の会話を使って、自分たちの会話をしてみよう。

83

練習2 **相手の意向を聞く**

👥👥 学校 －友達に旅行の意向を聞く－

鈴木：ノアさん、ちょっと聞きたいことがあるんだけど。

ノア：うん、何↑

鈴木：夏休みにオーストラリアに行こうと思ってるんだけど、

ノア：そうなんだ。いいね。

鈴木：①どこに行ったらいいのかなって思って。

ノア：そっか。②オーストラリアは広いからね。何泊ぐらいで行く予定↑　　　意向を聞く

鈴木：③ノアさんの話を聞いてから決めようと思ってるんだけど、だいたい
　　　10日前後を考えてるんだ。

ノア：そうだねえ。④10日位あったら、何箇所か回れるね。それじゃ、　　　意向を考え
　　　　　　　　　　　　　　　　　　　　　　　　　　　　　　　　　　　アドバイスを始める
　　　　　　　　：

1)　①どこかおすすめの場所を教えてほしいんだけど。

　　②いろんな観光スポットがあるけど、どんなことに興味がある↑

　　③オーストラリアと言えば、やっぱり大自然かな。　　　④自然ならたくさんあるよ。

2)　①何かオーストラリアらしい食べ物があったら教えてもらおうかと思って。

　　②食べられないものとかない↑

　　③ううん。辛いもの以外なら何でも食べられるから、いろいろ食べてみたい。

　　④肉類とか、魚介もあるしね。

3)　①何かお土産にいいものがあるかな。

　　②どんなものがいいのかな。例えば、食べ物とか飾るものとか↑

　　③そうね。できればどっちも教えてほしいんだけど。　　　④人気があるものがいいよね。

👆 上の会話を使って、自分たちの会話をしてみよう。

練習3 **意向を聞いて、アドバイスをする**

👤👥 職場 (1)－昼休みに職場の後輩にアドバイスする－

マン：山田さん、北海道に住んでいたことがあるとおっしゃっていましたよね↗

山田：うん、あるよ。

マン：いつか北海道に行きたいと思ってるんですが…。

山田：そう。いいところだよ。

マン：そうですよね。でも、北海道は広いので、どこに行ったらいいかわからないもの
　　　ですから、どこかお勧めの場所を教えていただけたらと思っているんです。

山田：あ、そう。いつ頃行くの↑　　　意向を聞く

マン：まだ決めていないんですが、お正月休みかお盆休みに、と思っていて…。

山田：そっか。知っていると思うけど、冬はけっこう雪が多いから、ニセコ　　　意向に沿ってアドバイスする
　　　とかで冬のスポーツを楽しむとか、有名な旭山動物園で冬ならではの
　　　イベントを楽しむとかかな。

マン：楽しそうですね。冬のスポーツというと、スキーやスノボですよね。

山田：そうそう。パウダースノーだから気持ちがいいよ。 詳しく説明する

マンさんはやったことあるの↑

マン：いえ。雪が降らないところで育ったので、したことがないんです。

山田：それなら、是非やってみて。マンさんなら、きっとすぐ滑れるようになるよ。 勧める

マン：そうですか。じゃ、初スキーに挑戦してみます。それで、旭山動物園

の冬のイベントは、どのようなものですか↑

山田：なんか、ペンギンの散歩とかがあるみたいだね。実は、私／ぼくも行った 情報を提供する

ことがないんだけど。

マン：へー、可愛いでしょうね。是非、今度のお正月休みに行ってみます。

山田：うん、楽しんでね。でも、すごく寒いし、道が滑りやすいから気を付けて。 注意点を
アドバイスする

　　　：

✋ **上の会話を使って、自分たちの会話をしてみよう。**

職場 (2) －先輩の相談に乗る－

山田：マンさん、業務の内容と別件で聞きたいことがあるんだけど、今5分くらいいい↑

マン：はい。何でしょうか。

山田：来月出張でカナダのバンクーバーに行くことになったんだけど…。

マン：そうですか、それはいいですね。

山田：確か、マンさん、バンクーバーに行ったことがあるって言ってたよね。

マン：ええ、学生時代に半年ほど住んでいたことがありますし、今も友人が住んでいます。

山田：そうなんだ。で、相談なんだけど。

マン：はい、どのようなことでしょうか。

山田：今回うちの部として、初めてカナダの会社と取引することになったんで、ご挨拶する

予定なんだけど。

マン：ええ。

山田：日本的なお土産を渡したいんだけど、カナダの人にはどんなものが喜ばれるかな。

マン：そうですねえ。あの、どのような役職の方とお会いになるんですか↑ 詳しく聞く

山田：初めてなんで、役員レベルの方だね。

マン：そうですか。カナダの方は日本らしい見た目のきれいなお菓子を喜ばれ 具体的に提案する

ますので、有名な市松堂の和菓子セットなどはいかがでしょうか。

山田：それはいいね。きれいだし、おいしいよ。じゃ、そうしよう。

マン：それから、取引先の方が、もし日本食がお好きなようでしたら、 関連したことを提案する

日本食レストランにお連れして、お食事をするというのも喜ばれる

かもしれません。バンクーバーにはいろいろな日本食のお店がありますし。

山田：へー、そうなんだ。まだお好きかどうかはわからないんだけど、そういう流れになる

可能性もあるから、選択肢として考えておくといいね。

マン：それでしたら、友人に聞いて、いくつかピックアップしてみましょうか。 協力を申し出る

山田：あ、そうしてくれると助かるよ。

　　　：

✋ **上の会話を使って、自分たちの会話をしてみよう。**

会話例 1：－懇親会のことで先輩に相談する－
かいわれい　こんしんかい　せんぱい　そうだん
会話例 2：－意向を聞いて後輩にアドバイスをする－
かいわれい　いこう　き　こうはい

使ってみよう
つか

○会話で使う言葉
かいわ　つか　ことば

・「浅草が<u>い</u>んじゃない↑」「いいんじゃない↑」⇒「<u>い</u>んじゃない↑」
　あさくさ

　「浅草が<u>いい</u>んじゃない↑」　　「浅草が<u>い</u>んじゃない↑」
　あさくさ　　　　　　　　　　　　　　あさくさ

・「それもいい<u>かも</u>」「〜かもしれない」⇒「〜かも」

　「いい<u>かも</u>しれない」⇒「いい<u>かも</u>」

・「別の<u>とこ</u>」（会話例 1）「ところ」⇒「〜とこ」
　べつ　　　　　　　　　　かいわれい

　「別の<u>ところ</u>」⇒「別の<u>とこ</u>」
　べつ　　　　　　　　　べつ

○文法表現
ぶんぽうひょうげん

「〜ものですから」：「新しいプロジェクトが始まったものですから、調査に行って来ます」
　　　　　　　　　あたら　　　　　　　　はじ　　　　　　　　　ちょうさ　い　き
　　　　　　　　　「急な出張が入ってしまったものですから、明日の忘年会には行けなく
　　　　　　　　　きゅう　しゅっちょう　はい　　　　　　　　　あした　ぼうねんかい　い
　　　　　　　　　なってしまったんです」

「〜ならでは」：「花見は日本ならではの行事です」「その土地ならではの食べ物が食べたい」
　　　　　　　　はなみ　にほん　　　　　ぎょうじ　　　　とち　　　　　た　もの　た

○関連語彙・表現
かんれんごい　ひょうげん

・**景色**：「景色がきれいなところに行きたい」「雄大な景色を見たい」
　けしき　けしき　　　　　　　い　　　　ゆうだい　けしき　み
・**夜景**：「函館は夜景で有名です」「山の上から夜景が見られる」
　やけい　はこだて　やけい　ゆうめい　　やま　うえ　やけい　み
・**眺め**：「頂上からの眺めがいい」「曇っていたので、眺めがよくなかった」
　なが　ちょうじょう　なが　　　　くも　　　　　　　なが
・**伝統的**：「伝統的な建物がある」「伝統的な服を着てみたい」
　でんとうてき　でんとうてき　たてもの　　でんとうてき　ふく　き
・**町並み**：「古い町並みが残っている」「そこは昔の雰囲気を味わえる町並みです」
　まちな　　ふる　まちな　のこ　　　　　　むかし　ふんいき　あじ　　まちな
・**歴史**：「歴史がある町」「歴史的なものがある」
　れきし　れきし　　まち　れきしてき
・**体験する**：「日本の文化を体験できる」「着物を着る体験をしたい」
　たいけん　にほん　ぶんか　たいけん　　きもの　き　たいけん
・**1泊2日、2泊3日、日帰り**：「日帰り旅行をしたい」「1泊2日で旅行に行った」「何泊す
　ぱく　ふつか　ぱく　か　ひがえ　ひがえ　りょこう　　ぱく　ふつか　りょこう　い　なんぱく
　　　　　　　　　　　　るの↑」

この課のポイント
か

①相手の状況を考えて、わかりやすくアドバイスを求める。
　あいて　じょうきょう　かんが　　　　　　　　　　　　　もと
②相手にわかりやすいように何を聞きたいか伝える。
　あいて　　　　　　　　　　なに　き　　　　つた
③相手の好みや考えを聞きながら、相手が納得できるようなアドバイスをする。
　あいて　この　かんが　き　　　　　あいて　なっとく

会話する

会話例を参考にし、この課で学んだことを応用して会話してみましょう。
下のタスクカードをよく読んで、2人で始めから終わりまで会話します。
1回終わったら、アドバイスをする人と求める人を交替してもう1度会話しましょう。

1

タスクカードA:
友達にアドバイスを求める

タスクカードB:
友達にアドバイスをする

あなたは、いつか友達の国や地域に行きたいと思っています。自分の興味があることを伝えて、お勧めの場所を聞いてください。その場所はどんな所か、どうやって行くのか、どの季節がいいのか、また、お勧めの食べ物や特別なもの、注意することなど詳しく聞いてください。	クラスメートに聞かれます。あなたの国や地域のお勧めの場所をアドバイスしてください。その際、相手の興味があることを質問しながら、話してください。どんな所か、どうやって行くのか、どの季節がいいのか、また、お勧めの食べ物や特別なもの、注意することなど詳しく話してください。

2

タスクカードA:
後輩にアドバイスを求める

タスクカードB:
先輩にアドバイスをする

あなたは出張で（学会で）後輩の国・地域に行きます。後輩にアドバイスを求めてください。空港からのアクセス、交通費、タクシー代、治安、その国でのサバイバル表現など必要なことを聞いてください。	先輩に聞かれます。あなたの国や地域についてアドバイスをしてください。その際、わからないことを先輩に質問しながら、話してください。空港からのアクセス、交通費、タクシー代、治安、その国でのサバイバル表現などを話してください。

振り返る

　どうでしたか。よいコミュニケーションができましたか。自分の会話を振り返って以下の振り返りシートに書き込んでください。

[○：できた　△：まあまあ　×：できなかった]

第9課　意向を配慮してアドバイスをする・求める　振り返りシート		
アドバイスを求める	・相手の状況を配慮して、わかりやすくアドバイスを求められたか。	○　△　×
	・意向を伝えて、アドバイスを求めることができたか	○　△　×
アドバイスする	・相手の意向を配慮して、わかりやすくアドバイスできたか。	○　△　×
	・いろいろな情報を入れて、詳しくアドバイスできたか。	○　△　×
全体	・勉強した表現をいろいろ使ってみたか。	○　△　×
	・相手にわかりやすい順序で話せたか。	○　△　×
	・相手の言ったことがわからない時、確認や聞き返しをしたか。	○　△　×
	・相手の話を聞いている時、いろいろな相づちをうったか。	○　△　×
コメント	よかった点：	
	よくなかった点：	

振り返りを話し合う

　それぞれどのように振り返ったかを、会話した相手と話し合ってみましょう。

わかりやすく行事の説明をする・求める

説明を求める

入社式って何をするの？

入社式

これは何？

柏餅って何？いつ食べるの？

あなたは日本の行事の中で何に興味がありますか。

話してみる

　クラスメートにどんな日本の行事に興味があるか聞いてください。その行事について、いろいろ詳しく質問してください。

振り返る

　どうでしたか。いろいろなことを詳しく聞けましたか。クラスメートの説明はわかりやすかったですか。

聞いて答える

音声 44

友達と和菓子屋に来て、商品を見ている時の会話です。友達の最後の言葉に対して何と答えますか。

練習1　詳しい説明を求める

学校 (1) －和菓子屋で店の人に聞く－

店員：いらっしゃいませ。何になさいますか↑

ヤン：すみません。①もう少し待ってください。

ノア：いろいろあって、迷っちゃうね。

ヤン：そうだね。あ、②この「柏餅」って何だろう。

ノア：さあ、何だろう。すみません、③この「柏餅」の葉っぱの中は、お餅ですか↑

説明を求める

　　　　　　　　　　⋮

1) ①もう少し時間がかかります。　　②「桜餅」って何↑

　③この「桜餅」っていうのは、どんなものですか↑

2) ①今、選んでいます。　　②この「ひなあられ」ってどんな味なのかな。

　③この人形の絵のついた「ひなあられ」というのは、何ですか↑

☞ **上の会話を使って、自分たちの会話をしてみよう。**

学校 (2) －先輩の田中さんに聞く－

ロス：田中さん、①内定した会社から入社式の連絡がきたんですけど、入社式って何をするんですか↑

説明を求める

田中：②新入社員が全員集まって、会社の社長の話を聞いたりするんだけど、会社の理念を理解して、社会人として自覚を持ったりできるようにする、ということかな。

ロス：なるほど。そうなんですか。

理解したことを伝える

　　　　　　　　　　⋮

1) 職場

　①山田さんが「お受験」で忙しいとおっしゃっていたんですけど、「お受験」って受験のことですか↑

　②あー、山田さんのところ、お受験なんだ。「お受験」っていうのは、小さい子が幼稚園や小学校を受験することなんだけど、この時だけ、「お」を付けて「お受験」と言うんだ。

☞ **上の会話を使って、自分たちの会話をしてみよう。**

学校 (3) －友達が話したことについて聞く－

鈴木：今日さ、①七五三の子どもを見かけたんだけど、可愛かった…。

ノア：えっ、②しちごさん↑

鈴木：うん。初めて聞いた↑

ノア：うん。②しちごさんって、何↑

説明を求める

鈴木：③今日は11月15日でしょ↑／だろ↑　日本では11月15日に7歳と5歳、3歳の子どものお祝いをするんだ。

ノア：へー、そうなんだ。それで、どんなことをするの↑

応答し、さらに説明を求める

　　　　　　　　　　⋮

1) ①妹のひな人形出すの、手伝ってきたんだけど、大変だった…。
②ひなにんぎょう
③3月3日は、「ひな祭り」という女の子のお祭りなんだ。その時に飾るのがひな人形。
2) ①節分だから、一緒に豆まきしない↑　　　②せつぶん
③節分は「季節を分ける」っていう意味なんだけど、明日が立春っていう春が始まる日なんで、
冬と春を分ける日ということ。

☞ **上の会話を使って、自分たちの会話をしてみよう。**

Q　マンさんの応答で、理解したことが山田さんに伝わりますか？

マン：山田さん、友達の結婚式に招待されたんですけど、日本ではお祝いは
どのようにしているんですか↑

山田：のし袋にお金を入れて、結婚式当日に受付で渡すことが多いかな。

マン：そうですか。

山田：お金は、4万円とかの4という数字は縁起が悪いから、避けたほうがいいよ。

マン：そうですか。

山田：それから、お札は折り目がついたものじゃなくて、新札かピン札がいいからね。

マン：そうですか。

練習2 | **興味を示しながら説明を聞く**

👥学校

ノア：鈴木さん。

鈴木：何↑

ノア：昨日、木に紙がたくさんぶら下がっているのを見たんだけど、何かなあ　　　◀ 説明を求める
と思って。

鈴木：あー、それは七夕の短冊だね。

ノア：たなばたのたんざく↑　それは何↑　　　　　　　　　　　　　　◀ さらに具体的な
説明を求める
紙には何か書いてあったけど。

鈴木：そうでしょ。それは、願い事なんだよ。

ノア：願い事↑　何かお願いしたいことが書いてある、ということ↑　　◀ 理解が正しいか確認する

鈴木：そう。七夕っていうのは、7月7日に行われる行事なんだけど、星に
ついての昔の物語から来ているもので、願い事をすると叶うと言われ
ているんだ。

ノア：へー、そうなんだ。おもしろい。　　　　　　　　　　　　　　◀ 興味を示す

鈴木：それで、竹の枝に願い事を書いた短冊を下げて、祈るんだよ。

ノア：なるほど。私（ぼく／おれ）も願い事書きたいな。　　　　　◀ 納得しコメントする
　　　　：

☞ **上の会話を使って、自分たちの会話をしてみよう。**

説明をする

お正月にすることを聞かれた。
何をするかな。

こいのぼりについて
聞かれたけど、
うまく説明できるかな。

私の国のクリスマスか。
何をするかな。

あなたの国や地域には
どんな行事がありますか。

練習1　見たものや聞いたものについてわかりやすく詳しく説明する

学校 (1)－歩きながら友達に聞かれて説明する－

ノア：鈴木さん、①あそこのうちに魚の形のものがたくさんあるけど、何↑

鈴木：あー、②あれは「こいのぼり」って言って、子どもの日の飾りだよ。　　　名前とどんなものか説明する

ノア：③こいのぼり↑

鈴木：④うん。鯉っていう名前の魚なんだけど、鯉は滝を上ると　　　意味を説明する
　　　言われているから、元気に立派に成長することを願って飾るんだ。

ノア：なるほどね。
　　　　　　…

1)　①あそこの家のドアに飾りがあるけど、あれは何↑

　　②あれは、「しめ飾り」って言うんだけど、お正月に年神様を迎えるために、玄関のドアに飾るも
　　　のなんだ。

　　③そうなんだ。しめ飾りは何でできているの↑

　　④お米を収穫したあとの稲の茎でできているんだ。それを丸くして、紅白の紙とかみかんに似て
　　　いる橙とかを飾るんだけど、他にもいろんな種類があるよ。

2) 職場

　　①サイレンが鳴っていますね。あれは何ですか↑

　　②あー、今日は防災の日だから、防災訓練をするという合図だと思いますよ↗

　　③ぼうさいくんれんって何ですか↑

　　④地震や洪水の時に、慌てずに安全に逃げられるように、地域で訓練をしておくんです。

☞上の会話を使って、自分たちの会話をしてみよう。

（自分の国や地域の行事の画像や写真を使って、会話をしてください）

（2）－友達が見たものについて聞かれて説明する－

ノア：鈴木さん、昨日羽織袴姿の小さい男の子を見かけたんだよ↗

鈴木：あー、見かけたのは神社でしょ↗／だろ↗

ノア：そう言われてみれば、神社のそばだったなあ。

鈴木：それは、たぶん七五三だと思う。 ◁ 説明する

ノア：しちごさん↗

鈴木：そう。七五三は七と五と三で、子どもが7歳と5歳と3歳になった ◁ どんな行事か説明する
　　　ことを祝う伝統的な行事なんだ。

ノア：へー、そうなんだ。それで、昔の衣装の羽織袴姿で神社に行くんだ。

鈴木：そう。女の子は3歳と7歳にお祝いして、男の子は3歳と5歳、場所 ◁ さらに詳しく説明する
　　　によっては5歳の時にだけお祝いをするので、その男の子はたぶん5
　　　歳なんじゃない↗

ノア：そうか。男の子も女の子も3回お祝いするわけじゃないんだ。
　　　　　　　　　：

☞ 上の会話を使って、自分たちの会話をしてみよう。

Q 鈴木さんは、ノアさんが理解しているかを見ながら話していると思いますか？

鈴木：子どもの日は、もともと男の子の成長を祝う日だから、外にはこいのぼりを飾って、家の
　　　中には鎧やかぶとを飾るんだよ。戦いの時に使う物だから、強そうな感じでしょ。特別な
　　　料理はないけど、柏餅を食べるかな。

ノア：？？？

練習2　雑談の中で出て来た話題についてわかりやすく詳しく説明する

－昼ご飯を食べている時に同僚に聞かれて説明する－

マン：佐藤さん、もうすぐ今年も終わりますね↗

佐藤：そうですね。あっという間に今年も終わって、もうお正月ですね。

マン：ほんとですね。佐藤さんのうちでは、お正月に家族が揃うんですか↗

佐藤：はい。年末に家族や親戚が集まって、みんなで新年を迎えるんです。

マン：そうですか。何か特別なことをするんですか↗

佐藤：あまり特別なことはしないんですけど、いっしょにお節料理やお雑煮 ◁ 具体的に説明する
　　　を食べて、近くの神社に初詣に出かけることぐらいですね。

マン：そうですか。やっぱり初詣には行くんですね。

佐藤：そうですね。習慣になっているのかもしれません。

マン：そうですよね。習慣になると、神社に行って、新しい1年が始まると
　　　感じるでしょうね。

佐藤：確かにそうですね。子どもの時はお年玉をもらえたので、お正月が楽し ◁ さらに説明する
　　　みだったんですけど、もう社会人になったんで、楽しみが減っちゃいま
　　　した。

マン：おとしだま↑　それは何ですか↑

佐藤：新年を祝うために子どもや目下の人にあげるお金のことなんです。　［説明する］

マン：あー、お金のことなんですね。もらえなくなるのは、ちょっと残念ですね。

　　　　　　⋮

👉 **上の会話を使って、自分たちの会話をしてみよう。**

　　（クリスマスや年末年始など家族が集まる行事について会話をしてください）

練習3　自分の国や地域の行事について詳しく説明する

👥👥 学校　－自分の好きな行事について説明する－

田中：リーさん、リーさんが好きな台湾の行事は何↑

リー：好きな行事なら、やっぱり平渓の「ランタン祭り」かな。

田中：「ランタン祭り」ってどんな（お）祭り↑

リー：紙で作ったランタンを飛ばす（お）祭りなんだけど、春節から数えて　［どんな行事か説明する］
　　　15日目の「元宵節」という日に上げるんだ。

田中：へー、そうなんだ。何か意味があるんだよね。

リー：うん。ランタンの紙に、例えば、家族の健康とか入試合格とかの　［具体的に説明する］
　　　願い事を書いてから飛ばして、願いが叶うことを祈るんだ。

田中：なるほどね。ランタンは大きいの↑

リー：うん。けっこう大きくて、大人の肩ぐらいあるかな。　［具体的に説明する］

田中：へー、大きい。そんなランタンがたくさん空に上がっていたら、
　　　きれいだろうね。

リー：そう。暗い夜空に無数のランタンの明かりが浮かんでいて、　［さらに詳しく説明する］
　　　夢の世界にいるみたいなんだよ。

田中：見てみたいな。

　　　　　　⋮

👉 **上の会話を使って、自分たちの会話をしてみよう。**

　　（自分が好きな国や地域の行事や祭りについて説明する会話をしてください。）

会話を聞く

音声 45、音声 46

会話例1：－和菓子屋で友達と、店員に聞く－

会話例2：－職場の先輩と自分の国や地域の行事について話す－

○会話で使う言葉

- **「さあ、何だろう」**：A「この辺にさくら銀行のATMがありますか」
  B「さあ、ちょっとわかりません」

- **「入社式って何をするんですか」**「～というのは」⇒「～って」
  「入社式というのは何をするんですか」⇒「入社式って何をするんですか」

- **「今日は11月15日でしょ↑／だろ↑」**：
  「だろ↑」は、男性っぽい文末表現とされていて、くだけた話し方の時に使います。

○関連語彙・表現

- **祝う／祝い**：「新年を祝う」「長寿を祝う」「誕生日をお祝いする」「場所によって祝い方が
  違う」

- **願う／願い／お願い**：「お願いをする」「子どもの健やかな成長を願う」「長寿を願う」
  「願い事を書く」

- **祈る**：「健康を祈る」「長寿を祈る」「回復を祈る」「幸せをお祈りします」

- **縁起**：「縁起がいい」「縁起が悪い」

- **避ける**：「縁起が悪い数字を避ける」「事故にあうのを避ける」

- **伝統的**：「これは伝統的な食べ物です」「伝統的な行事が今も行われている」

- **特有**：「これは、この地域特有の習慣です」

- **集まる**：「家族が集まって一緒に食事をする」

- **叶う**：「願いが叶う」「夢が叶う」

- **自覚**：「自覚する」「自覚を持つ」

この課のポイント

①わからない物／ことについて、相手が答えやすいように具体的に説明を求める。

②説明を聞いている時、理解していることや関心を持っていることを示しながら聞く。

③説明を求められた時、相手にわかりやすいように詳しく説明する。

④自分が話していることを相手が理解しているかどうか確認しながら話す。

会話する

会話例を参考にし、この課で学んだことを応用して会話してみましょう。

下のタスクカードをよく読んで、2人で始めから終わりまで会話します。

1回終わったら、説明を求める人と説明する人を交替してもう一度会話しましょう。

1回の会話の中で、説明した後に相手に説明を求めて、続けてもいいです。

タスクカード1A:
友達に説明を求める

あなたは、友達と一緒に昼ご飯を食べています。友達に国や地域、家族、学校の行事について聞いてください。どんな行事か、何をするか、どんな意味があるか、特別な食べ物があるかなど、詳しく聞いてください。

タスクカード1B:
友達に説明する

あなたは、友達と一緒に昼ごを食べています。友達にあなたの国や地域、家族、学校の行事について聞かれます。どんな行事か、何をするか、どんな意味があるか、特別な食べ物があるかなど、詳しく話してください。

タスクカード2A:
先輩に説明を求める

あなたは、日本の行事（学校や会社の行事）について知りたいです。先輩が知っていそうな行事について聞いてください。どんな行事か、何をするか、どんな意味があるか、特別な食べ物があるかなど、詳しく聞いてください。

タスクカード2B:
後輩に説明する

あなたは、後輩に日本の行事（学校や会社の行事）ついて聞かれます。知っている行事について話してください。どんな行事か、何をするか、どんな意味があるか、特別な食べ物があるかなど、詳しく話してください。

振り返る

どうでしたか。よいコミュニケーションができましたか。自分の会話を振り返って以下の振り返りシートに書き込んでください。

[○：できた　△：まあまあ　×：できなかった]

第10課　わかりやすく行事の説明をする・求める　振り返りシート		
説明を求める	・相手が答えやすいように具体的に説明を求めたか。	○　△　×
	・説明を聞いた時、理解や関心を示す応答ができたか。	○　△　×
説明する	・相手にわかりやすいように具体的に詳しく説明できたか。	○　△　×
	・相手がわかったかどうかを見ながら、説明したか。	○　△　×
全体	・勉強した表現をいろいろ使ってみたか。	○　△　×
	・相手にわかりやすい順序で話せたか。	○　△　×
	・相手の言ったことがわからない時、確認や聞き返しをしたか。	○　△　×
	・相手の話を聞いている時、いろいろな相づちをうったか。	○　△　×
コメント	よかった点：＿＿＿＿＿＿＿＿＿＿＿＿＿＿＿＿＿＿＿＿＿＿＿＿＿＿＿＿＿	
	よくなかった点：＿＿＿＿＿＿＿＿＿＿＿＿＿＿＿＿＿＿＿＿＿＿＿＿＿＿	

振り返りを話し合う

それぞれどのように振り返ったかを、会話した相手と話し合ってみましょう。

第11課　気持ちを配慮して提案し話し合う

話し合いを始める

友達と大阪に行く約束をしたけど、ホテルとか決めなきゃ。

今週末ヤンさんの誕生日だ。パーティーはどこでしようかな。

来週の新商品のプレゼンのこと、話し合わなきゃ。

友達と一緒に旅行に行くとしたら、あなたはどこに行きたいですか。

話してみる

　今、あなたはどこに旅行に行きたいですか。どこに行きたいか、誰と行きたいか、なぜ行きたいか、そこで何をしたいかなどをクラスメートに話してください。

振り返る

　どうでしたか。自分の考えを詳しく話せましたか。クラスメートの考えも詳しく聞きましたか。

聞いて答える

音声 47

　旅行に行く約束をした友達が音声のように言いました。何と答えますか。
(1) －特に何も考えていない場合－
(2) －何かアイデアがある場合－

練習 具体的な計画について話し合いを始める

👥🏫 (1) －友達に旅行について話す－

ノア：鈴木さん、旅行のことだけど、①泊まるとことか、②どうする↑　　▷用件を提示し相談を始める

鈴木：あー、どうしようか。

ノア：けっこう混んでる時期だから、早めに予約しておいたほうが　　▷理由を言う

　　　③よくない↑

鈴木：そうだね。いっぱいになっちゃったら大変だもんね／な。

　　　　　　：

1) ①泊まるとこ　　　　②どうしようか。　　　　③いいんじゃない↑

2) ①特急電車　　　　　②どうしよっか。　　　　③いいと思うんだけど。

3) ①飛行機　　　　　　②どうする↑　　　　　　③い(い)んじゃないかな。

👆 上の会話を使って、自分たちの会話をしてみよう。

👥🏫 (2) －友達に誕生日パーティーについて話す－

キム：ノアさん、①ヤンさんの誕生日パーティーするって決めたよね。　　▷用件を提示する

ノア：そうだ。確か来週の土曜日だったよね。

キム：そろそろ、②どの店にするか決めないといけないと思うんだけど、　　▷理由を言って相談を始める

　　　どこにする↑

ノア：そうだね。③どこかいいとこ知ってる↑

　　　　　　：

1) 👥🏫

①リーさんが帰国する時に記念品をあげることにしたよね。

②何にするか決めないといけないんだけど、何がいいかなあ。

③どんなものをあげたら、喜ぶかな。

2) 👤👥🏢

①お世話になった田中さんにお礼の品を買いに行くことにしましたよね。

②いくらぐらいのものを買うか決めておいたほうがいいと思うんですけど…。

③何人であげるんでしたっけ。

👆 上の会話を使って、自分たちの会話をしてみよう。

👥👥 **職場** (3) －同僚に仕事の内容（プレゼン）について話す－

マン：佐藤さん、今ちょっといいですか↑ ◀ 都合を聞く

佐藤：はい、いいですよ↗

マン：①来週のプレゼンのことなんですけど、どうしましょうか。 ◀ 用件を提示し相談を始める

佐藤：そうですね。②私も話さなきゃ話さなきゃと思っていたんですよ。

マン：今、時間、取れますか↑ ◀ もう一度都合を聞く

佐藤：③大丈夫ですよ↗　相談しましょう。

　　　⋮

1)　①来月のイベントのことなんですけど、いつ打ち合わせしましょうか。

　　②そろそろ始めなければいけないですよね。

　　③すみません、この仕事が30分ぐらいで終わるので、3時からでいいですか↑

2)　①この間の企画書のことなんですけど、いつ相談しましょうか。

　　②早いほうがいいですよね。

　　③すみません。午前中は仕事が立て込んでいるんで、午後にしてもらえますか↑

☝ **上の会話を使って、自分たちの会話をしてみよう。**

💭 **Q キムさんの話し合いの始め方は、わかりやすいですか？**

－キムがノアに会って、すぐに話す－

キム：ノアさん、ヤンさんの誕生日パーティー、どこでする↑

ノア：えっ…。あー、ヤンさんの誕生日パーティーね。

相手の提案に答える
（あいて　ていあん　こた）

友達が提案した誕生日プレゼントは
（ともだち　ていあん　たんじょうび）
どうだろう。
他のものがいいかな。
（ほか）

友達が旅行の時の泊まる場所を
（ともだち　りょこう　とき　と　ばしょ）
提案してくれた。いいと思う！
（ていあん）　　　　　　（おも）

友達が行きたい所と私が行きたい
（ともだち　い　ところ　わたし　い）
所は違うなあ。
（ところ　ちが）
どっちも行こう。
（い）

何かの相談をしている時、友達と
（なに　　　そうだん　　　　　とき　ともだち）
考えが違ったことがありますか。
（かんが　ちが）

練習1 提案に同意する
（れんしゅう）　（ていあん　どうい）

学校（1）－友達の提案に同意する－
（がっこう）　　（ともだち　ていあん　どうい）
　　　　　⋮

鈴木：1日目の夜はどこに泊まる↑
（すずき）（にちめ　よる　　　　と）

ノア：2日目がUSJだから、その近くに泊まるっていうのは↑　　　　理由を言って、提案する
（ふつかめ）　　　　　　　　　　　　（ちか）　　（と）　　　　　　　　　　（りゆう　い　　　ていあん）

鈴木：うん、それいいね。次の日、楽だしね。　　　　　　　　　　　同意し、理由を追加する
（すずき）　　　　　　　　　　（つぎ　ひ　らく）　　　　　　　　　　　　（どうい　りゆう　ついか）
　　　　　⋮

1）いいね、私（ぼく／おれ）もそう思ってた。安いホテルもありそうだし。
　　　（わたし）　　　　　　（おも）　（やす）

2）うん、いいね。そしたら、朝一番から人気アトラクションに並べるしね。
　　　　　　　　　　　（あさいちばん　にんき）　　　　　　　　　　（なら）

☞ 上の会話を使って、自分たちの会話をしてみよう。
（うえ　かいわ　つか　じぶん　　かいわ）

学校（2）－同意するが条件を付ける－
（がっこう）　　（どうい　じょうけん　つ）
　　　　　⋮

キム：3日目の夜はどこに泊まる↑
（みっかめ　よる　　　　と）

ヤン：次の日にディズニーランドに早く行きたいから、その近くに泊まるのはどう↑
（つぎ　ひ）　　　　　　　　　　　　　（はや　い）　　　　　　　（ちか　と）

キム：うん、いいけど、安いとこがあればね。　　　　　　　　同意するが、条件を付ける
　　　　　　　　　　　（やす）　　　　　　　　　　　　　　（どうい　　　じょうけん　つ）
　　　　　⋮

1）いいね。でも、3人部屋があるとこにしよう
　　　　　　　　（にんべや）

2）賛成。素泊まりなら、いいよ。ご飯は好きなものを食べたいから。
　　（さんせい　すど）　　　　　　　　　（はん　す　　　　　　　た）

☞ 上の会話を使って、自分たちの会話をしてみよう。
（うえ　かいわ　つか　じぶん　　かいわ）

99

(3) －提案に同意し、その考えに沿って具体的に提案する－

キム：ノアさん、ヤンさんの誕生日パーティーのことなんだけど。

ノア：そうだ。もう今週の土曜日だから、決めないと。

キム：そうなんだよね。どこかいいとこ知ってる↑

ノア：そうだねえ。①ヤンさんが主役だから、ヤンさんの好きなものがいいよね。 　　　提案する

キム：②そうだね。ヤン、韓国料理食べたいって言ってたから、韓国料理　　　具体的に提案する
　　　の店はどう↑

ノア：いいねいいね。じゃ、ネットで調べてみよう。　　　同意する

　　　　　　　　　⋮

1) ①ヤンさん魚が好きじゃないみたいだから、焼き肉とかはどうかな。
　　②それがいいね。6人ぐらい来ると思うんで個室があるとこ、探してみようか。
2) ①ヤンさんお酒が好きだから、飲み放題があるとこがいいんじゃない↑
　　②そうだね。ちょうどビアガーデンが始まったみたいだから、行ってみない↑

上の会話を使って、自分たちの会話をしてみよう

練習2 **相手と違う提案をする**

(1) －友達の提案を認めて、違う提案をする－

　　　　　　　　　⋮

田中：大阪へは高速バスで行く↑　　　提案する

リー：①それもいいけど、新幹線で行くっていうのは↑　　　相手の提案を認め、理由を
　　　速く行けるし、体も楽だよ。　　　言い違う提案をする

田中：んー、②新幹線だと、確かに速くて楽だけど、お金がかかるよね。　　　同意しない理由を言う

リー：③それはそうだね。じゃ、やっぱり高速バスで行こうか。　　　同意し結論を出す

　　　　　　　　　⋮

1) ①それもいいんだけど　　②高速バスだと、夜行だからホテル代が浮くと思うんだけど。
　　③それもそうか。
2) ①それもありだけど　　②高速バスでも、時間はかかるけど楽なシートがあるらしいよ。
　　③そっか。

上の会話を使って、自分たちの会話をしてみよう。

100

　　　　　　　　　　⋮

キム：ヤンさんのプレゼント、①(お)酒(さけ)はどう↑　②ワインとか好(す)きだよね。　　▶ 提案(ていあん)する

ノア：確(たし)かにね。でも、どんな①(お)酒(さけ)が好(す)きかわからないから、違(ちが)うもの　　▶ 相手(あいて)の提案(ていあん)を認(みと)め
　　　がよくない↑　　　　　　　　　　　　　　　　　　　　　　　　　　　　　　　理由(りゆう)を言(い)い違(ちが)う提案(ていあん)をする

キム：そっか。好(す)きだからこそ、好(この)みがあるかもね。

ノア：そうだよね。で、例(たと)えば、③大学(だいがく)のグッズとか、いいんじゃないかな。　　▶ 例(れい)を挙(あ)げ理由(りゆう)を言(い)い
　　　使(つか)えるし、記念(きねん)にもなるよ。　　　　　　　　　　　　　　　　　　　　　提案(ていあん)をする

キム：④あー、いいかも。　　　　　　　　　　　　　　　　　　　　　　　　　　　　▶ 同意(どうい)する

　　　　　　　　　　⋮

1) ①本(ほん)　　　　　　　　　　②読書家(どくしょか)だよね。
　　③携帯用(けいたいよう)のマグとか、どうかな。なくしちゃったって言(い)ってたから。
　　④あー、それいいね。

2) ①Tシャツ　　　　　　　　　②いろんなTシャツ着(き)てるよね。
　　③料理(りょうり)の本(ほん)とかいいと思(おも)うんだ。自炊(じすい)するって言(い)ってたし。　④あー、確(たし)かに。

☝ 上(うえ)の会話(かいわ)を使(つか)って、自分(じぶん)たちの会話(かいわ)をしてみよう。

👥👥 職場(しょくば) (3)－同僚(どうりょう)の提案(ていあん)を認(みと)めて、違(ちが)う視点(してん)から意見(いけん)を述(の)べる－

　　　　　　　　　　⋮

佐藤(さとう)：マンさん、来週(らいしゅう)のプレゼン、どうしましょうか。

マン：そうですねえ。時間(じかん)は30分(ぷん)しかないですよね。

佐藤(さとう)：そうなんですよ。①先日(せんじつ)の調査(ちょうさ)の結果(けっか)は、数字(すうじ)を表(ひょう)にしましょうか。　　▶ 提案(ていあん)する

マン：②それもいいですけど、グラフにしたら一目(ひとめ)で変化(へんか)がわかるんじゃ　　▶ 相手(あいて)の提案(ていあん)を認(みと)め
　　　ないでしょうか。　　　　　　　　　　　　　　　　　　　　　　　　　　　　　違(ちが)う意見(いけん)を言(い)う

佐藤(さとう)：確(たし)かにそうですね。じゃ、③グラフにしましょう。　　　　　　　　　　　▶ 同意(どうい)し結論(けつろん)を出(だ)す

　　　　　　　　　　⋮

1) ①アピールできるように、短(みじか)い動画(どうが)を入(い)れましょうか。
　　②動画(どうが)はアピールできますけど、内容(ないよう)によっては、かえって要点(ようてん)がわかりにくくなるかもしれま
　　せんよ。　　　　　　　　　　③それに気(き)を付(つ)けて、動画(どうが)のサンプルを作(つく)ってみます。

☝ 上(うえ)の会話(かいわ)を使(つか)って、自分(じぶん)たちの会話(かいわ)をしてみよう。

(Q1) リーさんの表現(ひょうげん)は正(ただ)しいですか？

田中(たなか)：リーさん、京都(きょうと)はどうやって行(い)く↑
リー：じゃあ、高速(こうそく)バスで行(い)こうか。

(Q2) ノアさんの言(い)い方(かた)でキムさんはどんな気持(きも)ちになると思(おも)いますか？

キム：ノアさん、連休(れんきゅう)の旅行先(りょこうさき)のことなんだけど、京都(きょうと)はどう↑
ノア：でも、京都(きょうと)は遠(とお)くてお金(かね)がかかるから鎌倉(かまくら)へ行(い)こう。

練習3　相手の意向を確認してから、自分の提案をする

🗣️ 学校

⋮

ノア：ヤンさんは①沖縄ではビーチに行きたいんだよね↗　　　　**相手の意向を確認する**

ヤン：うん。楽しみ。

ノア：でもせっかくだから、②首里城のあたりも観光したくない↑　　　**違う提案をする**

ヤン：そうだねえ、1日くらいだったらいいかな。

ノア：じゃあ、最後の日に③那覇市に行ってみるっていうのはどう↑　　**両方の意向を入れる**

ヤン：そうだねえ、そうすることにしよっか。　　　　　　　　　　　　**同意し結論を出す**

⋮

1)　①東京では買い物したい　　　　　　　②歴史的なところも　　③浅草寺あたり
2)　①北海道ではスキーをしたい　　　　　②近くの町でも　　　　③小樽
3)　①島根県に行って、美術館巡りしたい　②他のところも　　　　③出雲大社

👆 上の会話を使って、自分たちの会話をしてみよう。

会話例を聞く　　　　　　　　　　　　　　　　　音声 48、音声 49

会話例1：－友達と3人で旅行のことについて話し合う－
会話例2：－同僚と仕事のプレゼンのことについて相談する－

使ってみよう

○会話で使う言葉

・「そうだ」（思い出したこと、思いついたことを示す独り言）
・「**新幹線で行く<u>っていうのは↑</u>**」

「〜っていうのは、どう↑」⇒「〜っていうのは↑」

「新幹線で行くっていうのは、どう↑」⇒「新幹線で行くっていうのは↑」

○表現のまとめ

〈相手の提案に同意する〉

・「いいね／いいですね」「それいいね／それいいですね」

・「そうだね／そうですね」

・「確かに／確かにそうだね／確かにそうですね」

・「賛成／賛成です」

・「私もそう思ってた／私もそう思っていました」

〈相手の提案を認め、違う提案をする〉

・「それもいいけど／それもいいですが、〜」

・「確かにね／確かにそうですね。でも、〜」

・「それもありだけど、〜」

○関連語彙・表現

・**話し合う**：「友達と話し合う」「話し合いが行われる」

・**相談する**：「友達と相談する」「先輩／先生に相談する」

・**打ち合わせる**：「同僚と打ち合わせる」「いつ打ち合わせをしますか」

・**自然**：「自然を楽しむ」「自然が豊かなところ」

・**文化**：「文化を味わう」「文化を体験する」「文化を感じる」

・**歴史的**：「歴史的な建物を見る」「歴史的な町並みが残っている」「歴史的な祭り」

〈旅行に関して〉

・1泊2日、2泊3日、日帰り

・夕食つきで1万円、夕食込みで1万円、1泊2食つき、素泊まり

・部屋食、山側／海側の部屋

・ホテル、ビジネスホテル、旅館、民宿、ドミトリー、ゲストハウス

・乗車券、特急券、自由席、指定席、グリーン車

・交通手段：新幹線、特急列車、普通列車、各駅停車、ローカル線、高速バス、夜行バス

・予算

この課のポイント

①相手の状況や気持ちを配慮しながら、話し合いを始めたり提案をしたりする。

②相手と意見が違う時は、相手の提案を認めてから違う提案をする。

③相手が納得できるように、理由を加えて提案をする。

会話する

会話例を参考にし、この課で学んだことを応用して会話してみましょう。
下のタスクカードをよく読んで、3人で話し合う会話をします。

 タスクカードA:
友達と相談する

あなたは日本で旅行したいです。友達2人を誘い、一緒にその旅行の計画を立ててください。クラスメートとは意見が違いますが、話し合って以下のことを決めてください。どこに行くか、何をしに行くか、何泊（日帰り）で行くか、どうやって行くか、何を食べたいか、予算がどのくらいか、泊まる場合はどこに泊まるかなど。

タスクカードB、C:
友達と相談する

あなたは日本で旅行したいです。クラスメートとその旅行の計画を立ててください。クラスメートとは意見が違いますが、話し合って以下のことを決めてください。どこに行くか、何をしに行くか、何泊（日帰り）で行くか、どうやって行くか、何を食べたいか、予算がどのくらいか、泊まる場合はどこに泊まるかなど。

振り返る

どうでしたか。相手を配慮して自分の意見を言ったり、相手の意見を認めたりできましたか。自分の会話を振り返って以下の振り返りシートに書き込んでください。

[○：できた　△：まあまあ　×：できなかった]

第11課　気持ちを配慮して提案し話し合う　振り返りシート		
話し合いを始める	・わかりやすく用件を提示し、話し合いを始められたか。	○　△　×
	・相手の状況や気持ちを配慮しながら、提案をすることができたか。	○　△　×
相手の提案に答える	・相手の提案と同じ時、同意し、理由を追加できたか。	○　△　×
	・相手の提案を認めて、自分の提案をすることができたか。	○　△　×
	・相手が納得できるように、理由を言って違う提案ができたか。	○　△　×
全体	・勉強した表現をいろいろ使ってみたか。	○　△　×
	・相手にわかりやすい順序で話せたか。	○　△　×
	・相手の言ったことがわからない時、確認や聞き返しをしたか。	○　△　×
	・相手の話を聞いている時、いろいろな相づちをうったか。	○　△　×
コメント	よかった点：_____ よくなかった点：_____	

振り返りを話し合う

それぞれどのように振り返ったかを、会話した相手と話し合ってみましょう。

印象を話す

日本に来たばかりの時の
第一印象はどうでしたか。

話してみる

　日本に初めて来た時、また知らない土地に行った時の印象はどうでしたか。その時印象に残ったことや疑問に思ったことをクラスメートと話してください。

振り返る

　どうでしたか。印象を詳しく話すことができましたか。コミュニケーションはうまくいきましたか。

聞いて答える

音声 50

　友達が音声のように言いました。何と答えますか。

106

練習1　相手がイメージしやすいように第一印象を話す

学校 (1) －友達に聞かれて話す－

鈴木：ヤンさん、ヤンさんはいつ日本に来たの↑

ヤン：去年の春だよ。

鈴木：そうか。その時の東京の第一印象って、どうだった↑　覚えてる↑

ヤン：そうだなあ。①<u>空港に着く前なんだけど、飛行機の中から富士山が</u>　▶ 具体的に印象を話す
　　　<u>きれいに見えて、「あーこれが日本のシンボルの富士山なんだ」って</u>
　　　<u>感動したんだ。</u>

鈴木：そうなんだ。②<u>飛行機から見たら、きれいだろうね。</u>

　　　　　　　：

1) ①東京は、高いビルがあって、高速道路には車がたくさん走っている大都会なのに、意外に空気
　　がきれいだなと感心したんだ。　　　　　　　②確かにそうかも。

2) ①実は第一印象はあんまりよくないんだ。東京みたいな大都市に来たのは初めてだったから、
　　人も車も多くて、ごちゃごちゃしていると思って。今は慣れたけどね。
　　②ずっと住んでいるから、当たり前になってる。

3) ①あんまり覚えてないな。その時は何か感じたかもしれないけど、初めての留学で、めっちゃ
　　緊張してたから。　　　　　　　　　②そりゃ緊張するよね。

☝ 上の会話を使って、自分たちの会話をしてみよう。

職場 (2) －職場の先輩に聞かれて話す－

山田：マンさん、こちらに来られて1か月過ぎましたけど、仕事はどうですか↑

マン：①<u>思ったより会社が馴染みやすい雰囲気なので、安心しました。</u>　◀ 社内の印象を話す

山田：そうなんですか。②<u>もっと厳しいところだと思っていましたか↑</u>

マン：③<u>はい。面接では緊張していましたから、皆さんちょっと怖そうに</u>　◀ 初対面の印象を話す
　　　<u>見えて。</u>

山田：そうですよね。私／ぼくの時もそうでしたよ。何かわからないことや
　　　困ったことがあったら、いつでも聞いてくださいね。

マン：ありがとうございます。

　　　　　　　：

1) ①期待通り、やりがいのある仕事なので、張り切っています。
　　②じゃ、少し慣れたんですね。
　　③いいえ。まだ慣れないんですが、皆さん親切に教えてくださるので、ありがたいです。

☝ 上の会話を使って、自分たちの会話をしてみよう。

練習2　想像していたのと違ったことを話す

学校　－街の印象について友達と話す－

ヤン：ノアさん、日本に来て、やっと1か月が過ぎたね↗

ノア：そうだね。

ヤン：国にいる時に思っていたのと、何か違ってたこととかある↑

ノア：①そうだねえ。街にごみ箱が少ないのにびっくりしたことかな。　　想像と違った印象を話す

ヤン：②ごみ箱↑

ノア：うん。③日本は道とかにごみが落ちてなくて、きれいだと聞いてたんだ。

ヤン：うん、それはよく言われてるよね。

ノア：だから、④ごみ箱がたくさんあって、みんなそこに捨てるから、　　想像していたことを話す
　　　きれいなんだと思ってたんだけど…。

ヤン：そっか。

ノア：⑤来てみたら、びっくりするほどごみ箱がないんだよね。　　想像と違った印象を話す

ヤン：確かに。

　　　　　　　⋮

1)　①そうだなあ。都会でも神社やお寺がたくさんあることかな。　　②お寺や神社↑
　　③京都や奈良は、神社やお寺がたくさんあることで有名だよね。
　　④東京のような大都市には、ビルとかは多くても、神社やお寺はそんなに多くないと思ってたんだ。
　　⑤でも、東京にも小さな神社やお寺があちこちにあって、近代的な都市と伝統的な部分が共存し
　　　ているんだよね。

☞ 上の会話を使って、自分たちの会話をしてみよう。

練習3　その場で見た印象を話す

職場　－レストランの前で職場の同僚に話す－

佐藤：マンさん、着きましたよ↗

マン：へー。歴史的な立派な建物ですね。　　印象を話す

佐藤：そうなんです。この店ができてから100年以上経つそうなんです。

マン：すごいですね。その当時こんな西洋建築があったら、それはおしゃれ　　想像したことを話す
　　　で人気があったでしょうね。

佐藤：そうみたいですね。この店で食事をするということは、当時大流行した
　　　そうですよ↗　でも一般の人には値段が高いから、憧れだけだったかも
　　　しれませんけど。

マン：そうかもしれないですね。この銀杏の木なんかも大きくて歴史を感じ　　さらに印象を話す
　　　ますよね。

佐藤：そうですね。外観だけじゃなくて、料理も最高ですから。

マン：じゃ、期待しよう。

　　　　　　　⋮

☞ 上の会話を使って、自分たちの会話をしてみよう。

印象を聞く

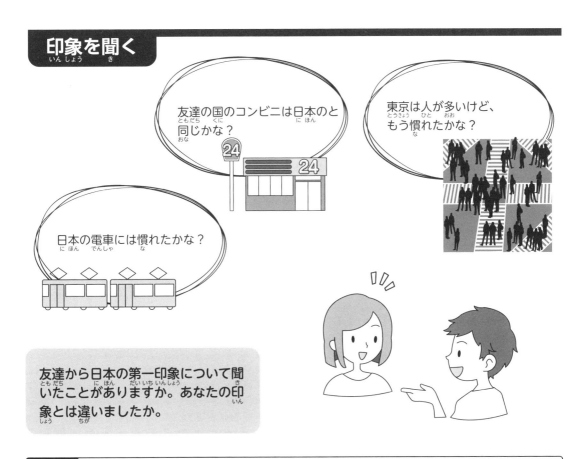

友達の国のコンビニは日本のと同じかな？

東京は人が多いけど、もう慣れたかな？

日本の電車には慣れたかな？

友達から日本の第一印象について聞いたことがありますか。あなたの印象とは違いましたか。

練習1　共感しながら印象を聞く

🗣️🗣️ 学校

キム：あーあ、1年があっという間に過ぎちゃった。

ノア：ほんと、いろんなことがあって、気が付いたら年末だね／だな。

キム：①日本に来て、もうすぐ1年だけど、どう、もう慣れた↑　どうしても　　▶ 質問する
　　　慣れないこととかある↑

ノア：②そりゃあるよ。やっぱり朝の通勤ラッシュは辛い。1限から授業が
　　　ある時は、ちょうど通勤ラッシュと重なるから、朝から疲れるよね。

キム：③そっか。大変だねえ。私（ぼく／おれ）は、大学のそばに住んでる　　▶ 共感しコメントする
　　　から、ラッシュは経験がないんだ。
　　　　　：

1)　①もう日本には長いよね。

　　②ほとんどのことは慣れたんだけど、ごみの分別だけは慣れないなあ。複雑だし、地域によって
　　　分け方が違うし。

　　③確かに慣れるまで、面倒くさいよね。日本は過剰包装でごみの量も多いしね。

👆 上の会話を使って、自分たちの会話をしてみよう。

109

練習 2 相手の印象に同意する

👥 学校

キム：ノアさん、いつ日本に来たの↑

ノア：去年の 9 月だよ。

キム：そうか。その時の東京の第一印象って、どうだった↑　覚えてる↑　　▶ 印象を聞く

ノア：第一印象ねえ。　①実は第一印象はあんまりよくないんだ。

キム：へえ、そうなんだ。

ノア：東京みたいな大都市に来たのは初めてだったから、②なんか人も車も

多くて、ごちゃごちゃしていると思って。

キム：③そうだね。初めて大きい町に住むのは大変だよね。人も多いし、　　⎫
　　　地下鉄もいろいろな路線があるしね。　　　　　　　　　　　　　　　⎬ ▶ 同意しコメントを追加する

ノア：そうそう。④電車は混んでいるし。　　　　　　　　　　　　　　　　⎭

　　　⋮

1)　①そうだ！ 秋晴れのすっごく天気のいい日で、空がきれいだと思ったんだ。

　　②車が多いんで、空がきれいだと思ってもいなかったんだけど、空が青いって感心したんだ。

　　③確かに。東京は車が多いわりに、空気がきれいだよね。トラックもけっこう走っているのにね。

　　④道も狭くて高速道路もあんなに走っているのに。

✋ 上の会話を使って、自分たちの会話をしてみよう。

練習 3 相手が言った印象を認めて、違う印象を話す

👥 学校

ヤン：うわー、①この公園、広くてきれいだね。東京にある公園とは思えない

よね。

ノア：②まあ、広いと言えば広いかもしれないけど、私（ぼく／おれ）のふるさと　▶ 相手の印象を認め
　　　では、公園ってもっとずっと広くて、キャンプやサイクリングができる　　　違う印象を話す
　　　ぐらいなんだ。

ヤン：③へー、それはすごい。でも、都会の中でこんなに木があって、ゆっくり

できるのは嬉しいよね。

ノア：④確かにそれは言えてるね。

　　　⋮

1)－キッチン用品売り場で－

　　①見て見て。この(お)弁当箱、いろいろあって楽しいよね。

　　②まあ、いろんな楽しいデザインがあるとは思うけど、小さすぎない↑　こんなんじゃおなかが

　　　いっぱいにならないなあ。

　　③そりゃ、これじゃ小さいかもしれないけど、こっちに大きいのもあるよ↗

　　④ほんとだ。でも、大きいのは機能的だけど、デザインの種類がそれほど豊富じゃないね。

✋ 上の会話を使って、自分たちの会話をしてみよう。

Q マンさんの言い方で、イーさんはどんな気持ちになると思いますか？

ー先輩にー

イー：東京は交通機関が便利ですけど、地下鉄とかは複雑すぎて、わかりにくいですね。

マン：そうですか↑　全然複雑じゃないですよ。

練習4　相手の話を引き出す

職場 ー同僚に日本と自分の国や地域との相違点を聞くー

佐藤：マンさん、クリスマスが終わりましたね。

　　　日本のクリスマスは、どうですか↑　　　　　　　　　印象を聞く

マン：そうですねえ。フランスのクリスマスとは全然違いますね。

佐藤：そうなんですか。日本は宗教的なものがほとんどないですからね。　　理由を予想しコメントする

マン：ええ。それもそうですけど、そもそも過ごし方が違うんです。

佐藤：へー。どう違うんですか↑　　　　　　　　　　　　　　　　相違点を聞く

マン：フランスでは家族にとって大事な行事ですから、家族がみんな揃って

　　　祝うんですけど、日本では若い人は友達同士とか、恋人同士で過ごす

　　　イメージがありますよね。

佐藤：あー、確かにそうですね。
　　　　　　　：

✋ **上の会話を使って、自分たちの会話をしてみよう。**

（交通手段、住宅、コンビニやスーパーなどの印象や相違点について会話してください）

会話例を聞く　　　　　　　　　　　　　　　音声51、音声52

会話例1：ー友達と東京の第一印象について話すー

会話例2：ー同僚とクリスマスについて話すー

○会話で使う言葉

・「**めっちゃ緊張してたから**」（とても／すごくの意味。関西方言が全国に広がった言葉）

「めちゃくちゃ」⇒「めっちゃ」

「めちゃくちゃ緊張してたから」⇒「めっちゃ緊張してたから」

・「**こんなんじゃ**」「こんなのでは」⇒「こんなのじゃ」⇒「こんなんじゃ」

○関連語彙・表現

・**～わりに**：「車が多いわりに、空気がきれい」「値段が高いわりに、おいしくない」

・**びっくりする**：「人が多くてびっくりした」「ごみ箱が少ないのにびっくりした」「びっくりするほど、きれい」

・**感動する**：「空が青くて感動した」「富士山の美しさに感動する」

・**共存する**：「近代的なところと歴史的なところが共存している」

・**あっという間**：「あっという間に1年が過ぎた」「学生時代はあっという間です」

・**緑**：「緑が多い／少ない」「緑が減っている」

・**公共**：「公共トイレがきれい」「公共交通機関が便利」

・**ごみ箱**：「ごみ箱が少なくて、不便です」

・**複雑**：「地下鉄の路線が複雑でわからない」「地下鉄の乗り換えが複雑」

・**面倒くさい**：「面倒」＋「くさい」（前の語の意味を強める）

「ごみの分別が面倒／面倒くさい」「デザインが古い／古くさい」

〈オノマトペ〉

・**ごちゃごちゃ**：「物が多くて、机の上がごちゃごちゃしている」

・**ぐちゃぐちゃ**：「ぐちゃぐちゃに書いてあるから、メモが読めない」

この課のポイント

①相手に印象を尋ね、具体的な印象を述べてもらえるように質問などをして話を引き出す。
②相手の話をよく聞き、相手と気持ちを共有していることを示すように応答する。
③相手に伝わるように具体的に印象を述べる。

会話する

会話例を参考にし、この課で学んだことを応用して会話してみましょう。
下のタスクカードをよく読んで、2人で始めから終わりまで会話します。
1回終わったら、聞く人と聞かれる人を交替してもう1度会話しましょう。

1

タスクカードA:
友達に印象を聞く

友達に日本に来た時の印象を詳しく聞いてください。関心を示せるように応答や質問をしてください。共感を示しながら、そのことについて友達と同じ印象だったか、違う印象だったかなども話してください。

タスクカードB:
友達に印象を聞かれる

友達に日本に来た時の印象を聞かれます。詳しく話してください。あなたが持った印象に関して、友達が同じ印象を持ったか、また違った印象を持ったかなども話して気持ちを共有しながら話してください。

2

タスクカード2A:
先輩に印象を聞く

先輩に、今の学校や職場の印象が、そこに入る前に想像していたものと比べて、同じか、違うか聞いてください。さらにどのような点が同じで、どのような点が違うかなども詳しく聞いてください。

タスクカード2B:
後輩に印象を聞かれる

後輩に、今の学校や職場の印象が、そこに入る前に想像していたものと比べて、同じか、違うか聞かれますので、詳しく答えてください。どのような点が同じで、どのような点が違うかなども答えてください。

振り返る

どうでしたか。よいコミュニケーションができましたか。自分の会話を振り返って以下の振り返りシートに書き込んでください。　　　　　　　　　　　[○：できた　△：まあまあ　×：できなかった]

第12課　気持ちを共有しながら印象を話す・聞く　振り返りシート		
印象を話す	・気持ちを共有してもらえるように詳しく印象を話せたか。	○ △ ×
	・予想したことと実際の印象に違いがある場合、わかりやすく話せたか。	○ △ ×
印象を聞く	・相手が話した印象に共感して、コメントすることができたか。	○ △ ×
	・相手の印象に同意する場合、同意を示し、さらに追加できたか。	○ △ ×
	・相手が感じた印象を詳しく引き出すことができたか。	○ △ ×
全体	・勉強した表現をいろいろ使ってみたか。	○ △ ×
	・相手にわかりやすい順序で話せたか。	○ △ ×
	・相手の言ったことがわからない時、確認や聞き返しをしたか。	○ △ ×
	・相手の話を聞いている時、いろいろな相づちをうったか。	○ △ ×
コメント	よかった点：_____ よくなかった点：_____	

振り返りを話し合う

それぞれどのように振り返ったかを、会話した相手と話し合ってみましょう。

第13課	# 具体的に詳しく感想を話す・聞く

話してみる

　クラスメートに最近見た映画、読んだ本、行った店、旅行などの感想を聞いてください。聞かれた人は自分の感想を具体的に話してください。

振り返る

　どうでしたか。相手からうまく感想を引き出すことができましたか。また質問を受けた人は具体的に詳しく感想を述べることができましたか。

聞いて答える

音声53

　あなたは週末、温泉に行って来ました。友達が音声のように聞きました。あなたは何と答えますか。

練習1　具体的に感想を聞く

学校 (1) －友達に確認してから聞く－

ヤン：鈴木さん、箱根、①行って来たんだって↑　　　　　　　　▶ 確認し話題を提示する

鈴木：②うん、安いパックがあったから、思いきって行って来ちゃった。

ヤン：③そうなんだあ。で、どうだった↑　箱根って温泉が有名だよね。　　　▶ コメントし感想を聞く

鈴木：うん、すごくよかったよ。広くて、お湯もいろんな種類があって、

　　　　気持ちよかったあ。

　　　　　　　　　⋮

1) 学校

①行って来たんだよね↗　　　　　　　②うん、そうなんだ。バイトが休みになったから。

③そうなんだあ。箱根と言えば、温泉だよね。どうだった↑

2) 職場

①いかがでしたか↑　　　　　　　②噂どおり、お湯がよかったよ。

③そうですよね。露天風呂とかも入られましたか↑

☞ 上の会話を使って、自分たちの会話をしてみよう

学校 (2) －友達に質問してから感想を聞く－

ヤン：ノアさん、連休、どっか行った↑　　　　　　　　　　▶ 何をしたか聞く

ノア：①うん、サークルの友達に誘われて、バーベキューしたんだ。

ヤン：へー、どこで↑

ノア：②大学の近くの河原。

ヤン：へー、そうなんだ。どうだった↑　　　　　　　　　▶ 感想を聞く

ノア：③楽しかったよ。河原だから涼しくて、釣りもできたし、いろんな物
　　　　食べて、みんなでたくさん話せたから。

　　　　　　　　　⋮

1) 学校

①うん。友達とロックフェスティバルに行ったんだ。　　②お台場。

③すごくよかった。人気のあるバンドが次々に出てきて、盛り上がったし、天気もよかったから、
　みんな踊ったりしてノリノリだったんだ。

2) 学校

①ううん。友達と寮でゲームしてた。　　　　　　　②ラウンジで。

③楽しかったよ。寮に残っている人みんなとチームになって戦ったんだ。でも、頑張ったんだけど、
　もうちょっとっていうところで負けちゃった。

3) 職場 －先輩が後輩に－

①ええ、浮世絵の展覧会に行って来たんです。　　　　②両国の美術館です。

③すばらしかったです。初めて本物の浮世絵を見て、すごく興奮したんです。しかも、北斎の作品が
　たくさんあったんです。

☞ 上の会話を使って、自分たちの会話をしてみよう

練習2 相手の話に関心を示す

職場

マン：佐藤さん、①<u>最近人気がある映画、「月と太陽と海」見ました↑</u> ▷ **質問する**

佐藤：②<u>もちろん。もう2回も見に行きましたよ。</u>

マン：③<u>え、すごいですね。で、どうでした↑　おもしろかったですか↑</u> ▷ **感想を聞く**

佐藤：④<u>人気があるだけあって、すっごくおもしろかったです。</u>

マン：⑤<u>へー、どんなところがおもしろかったんですか↑</u> ▷ **関心を示してさらに聞く**

　　　　：

1) **職場**

①何かおすすめの日本の小説、あります↑

②小説ね。村上春樹の小説なら何冊か読みましたけど、独特の世界でおもしろいですよ↗

③あー、海外でも人気がある小説家ですよね。どんなところが独特なんですか↑

④現実の世界と非現実の世界が混ざって、わかりやすそうで難しいストーリーなんです。

⑤えー、それってどういう意味ですか↑

2) **職場**

①沖縄にいらしたことがありますか↑

②うん。2年前になるかな。石垣島に初めて行ったんです。

③へー、いいですね。海の色が本州とは違うと聞いたんですけど、そうですか↑

④ええ。色も違ってエメラルドグリーンだし、ダイビングをすると、きれいな熱帯の魚が見られるんです。

⑤きれいでしょうね。ダイビングで他にどんなものが見られるんですか↑

☞ **上の会話を使って、自分たちの会話をしてみよう**

**2つの会話を聞いてください。
Q ヤンさんの応答は、どう違いますか？　どちらが関心を示していると思いますか？**

鈴木：あの有名な円山ラーメンに行って来たよ。

ヤン：へー、どうだった↑

鈴木：早めに行ったんだけど、店の前に行列ができてて。

ヤン：うん。

鈴木：1時間も待ったんだよ。

ヤン：へー。

鈴木：でも、並んだ甲斐があって、おいしかった。

ヤン：あ、そう。

音声 54

116

感想を話す

温泉、気持ちよかったなあ。

昨日行った店おいしかったけど、混んでた。

この前見た映画すごくおもしろかった。お勧めしよう。

最近映画を見たり本を読んだり、また旅行に行ったりしましたか。

練習1　いいと思った感想を具体的に話す

学校 (1) －温泉の感想を話す－

　　　　⋮

鈴木：温泉か、いいなあ。露天風呂も入った↑

ヤン：うん。①体はぽかぽかで、頭は涼しくて、気持ちよかったあ。

　　　　　　　　　　　　　　　　　　　　　　　　　具体的な感想を話す

鈴木：②露天風呂だと、ずっと入って(い)たくなるよね。私(ぼく／おれ)も

　　　今度行ってみよう。

　　　　⋮

1) ①雪の景色見ながら入れて、すごくよかったよ。肌もつるつるになるし。

　　②ほんと。つるつるになるって、いいね。

2) ①温泉に浸かりながら紅葉の景色が見られて、富士山まで見えたんだよ。あの旅館はお勧め。

　　②それはぜいたくだね。

3) ①最高だったよ。他のお客さんが全然いなくて、貸し切り状態だったから。

　　②へー、珍しいね。

☞ 上の会話を使って、自分たちの会話をしてみよう。

117

職場 (2)－スキー旅行の感想を話す－

佐藤：マンさん、冬休み、どこか行きました↑

マン：はい。初めてスキーをしに行って来たんですよ。

佐藤：初めてだったんですか。どうでした↑

マン：とても楽しかったです。でも、始めは転んでばかりいて、痛いし寒いし、 *最初の感想を話す*
　　　もう嫌だって思ったんですけど。

佐藤：初めてなら、そうですよ。痣はできませんでした↑

マン：もちろん、痣だらけでしたよ。2日目になったら慣れてきて、けっこう滑れる *その後の感想を話す*
　　　ようになったんです。それで、周りの景色を見る余裕もできて、楽しめるよう
　　　になりました。

佐藤：へー、上達が早いですね。

マン：いえいえ。ただ、短い期間だったんで、できるだけ満喫しようと思ったんです。 *情報を追加する*
　　　それで、ナイトスキーにも挑戦したんですよ。

佐藤：それは、すごいですね。

マン：ライトアップされているので、その明かりが雪に反射してとてもきれいでした。 *状況を説明し*
　　　それに、チラチラ雪も降っていて、それがキラキラ光っていたんです。 *具体的に感想を話す*
　　　別世界にいるようで、感動しましたね。

佐藤：わー、そんな世界でスキーができるなんて、最高ですね。
　　　　　　：

上の会話を使って、自分たちの会話をしてみよう

（夏休みや冬休み、週末などにしたことの感想を話してください。例えば、旅行、イベント、祭りなど）

学校 (3)－映画やドラマなどの感想を話す－

ノア：キムさん、連休、どこか行った↑

キム：ううん。ずっと家にいたんだけど、古い日本映画をいろいろ見たよ↗

ノア：え、古い日本映画↑　例えば、どんなの↑

キム：「七人の侍」っていう映画なんだけど。 *タイトルを言う*

ノア：あ、タイトルだけ聞いたことある。

キム：うん、監督は、黒澤明で、1950年代の作品。確か、ヴェネツィア国際映画祭で *基本的な情報を説明する*
　　　賞を取ってるよ。

ノア：あー、有名な映画だよね。どうだった↑

キム：長さが3時間以上もあるから、最初は退屈するかなと思ったんだけど、 *感想を話す*
　　　見始めたらおもしろくて、あっという間だった。

ノア：へー、そうなんだ。

キム：農民が自分たちを守るために、7人の侍を雇うんだけど、その侍たちのキャラが *内容と感想を詳しく話す*
　　　みんな魅力的でかっこいいんだ。それに、後半は戦いのシーンが続いて、すごく
　　　迫力があったよ↗　今見てもおもしろいから、やっぱり名作だと思う。お勧め。

上の会話を使って、自分たちの会話をしてみよう

（自分が見た映画、ドラマ、アニメや、読んだ小説や漫画について、次の関連語彙を参考にして会話をしてください）

使ってみよう

○映画、ドラマ、小説、漫画の関連語彙

- ・ドキュメンタリー、推理、歴史、恋愛、ファンタジー、アクション、ラブストーリー、SF、ホラー、時代劇
- ・ドラマ化、映画化、実話
- ・主演、主人公、登場人物、女優、男優、俳優
- ・心温まる　　・感動的（な）　・切ない　　・映像がきれい　　・迫力がある
- ・思いもよらない展開　　・予想を裏切る結末　　・スリルがある　　・奇跡が起こる

Q ヤンさんの答え方で、鈴木さんはどんな気持ちになると思いますか？

鈴木：ヤンさん、旅行はどうだった↑

ヤン：うん、よかった。

鈴木：へー。どこがよかった↑

ヤン：みんなよかった。

鈴木：…。

練習2　少し不満のある感想を具体的に話す

学校 －飲食店の感想を話す－

鈴木：ノアさん、昨日行った店、どうだった↑

ノア：①料理はおいしかったよ。ただ、平日のわりに混んでて、注文してもなかなか出てこなかったんだよね。　　　少し不満のある感想を話す

鈴木：そうなんだ。②あそこ、人気あるからね。

ノア：③うん。店も明るい雰囲気だし、もうちょっと人が少なかったら最高なんだけど…。　　　感想を話す

　　　⋮

1) **学校**

①料理はおいしかったんだけど、量が少なくて物足りなかった。

②せっかく行ったんだから、おなかいっぱい食べたいよね。

③うん。もっとボリュームのあるメニューがあったらいいんだけど…。

2) **学校**

①うーん、和食から中華にイタリアンまであってメニューの種類は多かったんですが、個人的に味はいまいちでした。でも、あの値段なら文句は言えないんですが。

②なにしろ安いからね。

③ええ、もう少しおいしかったら、言うことなしだったんですが。惜しいなあって感じです。

☞ **上の会話を使って、自分たちの会話をしてみよう**

練習3　よくないと思った感想を具体的に話す

👥👥 職場

佐藤：先週有名なレストランに行くって言ってましたよね。どうでした↑

マン：あー、「風水亭」ですね。実は、期待外れだったんです。 ◁ 感想を話す

佐藤：えっ、そうなんですか↑　有名店なのに。

マン：はい。人気があると聞いたので、私／ぼくも期待して行ったんですけど。 ◁ 感想を話す

佐藤：そうですよね。

マン：量も少ないし、味も薄いし、その上、料理が出てくるまで時間が ◁ 具体的に理由を話す

　　　かかったんです。混んでたから、仕方がないかもしれませんけど、

　　　けっこう高いのでがっかりしました。

佐藤：そうなんですか。それは残念でしたね。
　　　　　　　：

👆 **上の会話を使って、自分たちの会話をしてみよう**

○**不満を表す表現**

以下の表現は、直接的で強い表現ですが、話し相手や場面によって使うこともあります。

・ひどかった　　　　　・もう二度と行かない　　　　・最悪だった

・あり得ない　　　　　・あれはない

会話例を聞く

音声55、音声56

会話例1：－友達に週末に行った温泉の感想を聞く－
会話例2：－同僚に映画の感想を話す－

使ってみよう

○会話の表現

・「**完璧じゃん**」（会話例1）「～じゃない」⇒「～じゃん」

　　　「完璧じゃない」⇒「完璧じゃん」

○関連語彙・表現

・露天風呂、足湯、男湯、女湯、家族風呂
・眺めがいい、神秘的(な)、朝日、夕日、ご来光
・食べ放題、飲み放題、バイキング／ビュッフェ
・美術館、博物館、展覧会、彫刻、油絵、水彩画、水墨画
・コンサート、ライブ、演奏会、ミュージカル、舞台、演劇
・**～だらけ**：「痣だらけ」「間違いだらけ」「ごみだらけ」
・**～派**：犬派、猫派、硬派、軟派、まじめにやる派

〈複合動詞〉
・**思いきる**：「思いきって遠くまで行った」「思いきって髪を短くする」
・**食べきる、やりきる、覚えきる**：「量が多くて食べきれなかった」「最後までやりきる」
　　　　　　　　　　　　　　　　「漢字が覚えきれない」
・**吹き出す、飛び出す、引き出す**：「おかしくて思わず吹き出した」「道路に子どもが飛び出した」「相手の話を引き出す」
・**降り出す、見出す**：「急に雨が降り出した」「このドラマは見出すと、やめられない」
・**思い出す**：「子どもの頃のことを思い出す」「名前が思い出せない」
・**見始める**：「映画を見始める」「先に食べ始める」
・**書き終わる**：「レポートを書き終わる」「本を読み終わる」「もう使い終わった」
〈オノマトペ〉
・**つるつる／すべすべ**：「道が凍ってつるつるしている」「赤ちゃんの肌はすべすべだ」
・**はらはら／どきどき**：「発表の前はどきどきする」「子どもが怪我をしないかはらはらする」「ホラー映画は、はらはらどきどきする」
・**うるうる／泣ける**：「感動してうるうるした」「うるうるしちゃった」「思わず泣けちゃった」
・**ぼろぼろ**：「ぼろぼろ泣いちゃった」
・**ぽかぽか／ほかほか**：「体がぽかぽかする／になる」「この豚まん、ほかほかでおいしそう」
・**わくわく**：「わくわくする」「明日デートなので、わくわくしている」
・**くたくた／ぐったり**：「疲れてくたくたになる」「暑くてぐったりしている」

この課のポイント

①相手にいろいろ質問をして具体的な詳しい感想を引き出す。
②関心を示したり、相手と気持ちを共有しながら聞く。
③簡単な感想だけではなく、相手に伝わるように具体的に詳しく感想を述べる。

会話する

会話例を参考にし、この課で学んだことを応用して会話してみましょう。
下のタスクカードをよく読んで、2人で始めから終わりまで会話します。
1回終わったら、感想を聞く人と話す人を交替してもう1度会話しましょう。

タスクカードA：
友達に感想を聞く

友達に最近旅行したところ、行った店、展覧会、また好きな映画や本などについて感想を聞いてください。簡単な感想だけでなく、詳しく具体的な感想を引き出せるように質問をしてください。また、関心を示しながら聞いてください。

タスクカードB：
友達に感想を話す

友達に、最近旅行したところ、行った店、展覧会、また好きな映画や本などについて聞かれます。何をしたか、どんなものかを簡単に説明してから、詳しく具体的な感想を話してください。

タスクカードA：
先輩に感想を聞く

先輩に最近旅行したところ、行った店、展覧会、また好きな映画や本などについて感想を聞いてください。簡単な感想だけでなく、詳しく具体的な感想を引き出せるように質問をしてください。また、関心を示しながら聞いてください。

タスクカードB：
後輩に感想を話す

後輩に、最近旅行したところ、行った店、展覧会、また好きな映画や本などについて聞かれます。何をしたか、どんなものかを簡単に説明してから、詳しく具体的な感想を話してください。

振り返る

どうでしたか。よいコミュニケーションができましたか。自分の会話を振り返って以下の振り返りシートに書き込んでください。

[○：できた　△：まあまあ　×：できなかった]

第13課　具体的に詳しく感想を話す・聞く　振り返りシート		
感想を聞く	・相手から具体的な詳しい感想を引き出すことができたか。	○　△　×
	・相手の話に関心を示したり、気持ちを共有しながら聞くことができたか。	○　△　×
感想を話す	・必要な情報を説明してから、感想を話すことができたか。	○　△　×
	・具体的に詳しく感想を話すことができたか。	○　△　×
全体	・勉強した表現をいろいろ使ってみたか。	○　△　×
	・相手にわかりやすい順序で話せたか。	○　△　×
	・相手の言ったことがわからない時、確認や聞き返しをしたか。	○　△　×
	・相手の話を聞いている時、いろいろな相づちをうったか。	○　△　×
コメント	よかった点：	
	よくなかった点：	

振り返りを話し合う

それぞれどのように振り返ったかを、会話した相手と話し合ってみましょう。

123

第14課 気持ちを共有しながら経験を話す・聞く

経験を話す

カラスに襲われた！怖い！

自転車が盗まれた。まだ買ったばかりなのに！

ハワイへの旅行券が当たった！嬉しい！

あなたは、困ったり、びっくりしたりした経験がありますか。

話してみる

　今まで困ったり恥ずかしかったりした経験、また嬉しかったり腹が立ったりした経験はありますか。その時の気持ちを共有してもらえるように経験をクラスメートに話してください。

振り返る

　どうでしたか。相手に気持ちを共有してもらえるように話せましたか。詳しく経験を話すことができましたか。

聞いて答える

音声 57

　友達に音声のように聞かれました。何と答えますか。

練習1 経験を聞かれて、わかりやすく話し始める

👥👥 学校 **(1)** －友達に聞かれて話し始める－

ヤン：ノアさん、日本に来てから何か ①困ったことってある↑

ノア：①困ったことねえ／かあ…。 ②うん。あるある。 ▶考えていることを示す

ヤン：へー、どんなこと↑

ノア：③新幹線に乗った時のことなんだけど。 ▶まず、いつのことかを言う

ヤン：うん。

     ⋮

1) ①腹が立った   ②もちろん、あるよ。   ③パソコンを買った

2) ①怖かった   ②あー、思い出した。   ③アルバイトをしていた

👆 **上の会話を使って、自分たちの会話をしてみよう。**

👥👥 職場 **(2)** －同僚に聞かれて話し始める－

佐藤：マンさん、日本で何か ①驚いたことってあります↑

マン：②驚いたことでしょう↑ ありますよ。 ▶聞き返しながら考える

佐藤：あ、そうですか。どんな時にそう思ったんですか↑

マン：③日本に来たばかりの時のことなんですけどね。 ▶まず、いつのことかを言う

佐藤：ええ。

     ⋮

1) ①恥ずかしかった   ②恥ずかしかったことですよね。   ③このあいだのこと

2) ①感動した   ②感動したことですか↑   ③去年の私の誕生日のこと

👆 **上の会話を使って、自分たちの会話をしてみよう。**

👥👥 学校 **(3)** －友達に聞かれて、質問と少し違う経験を話し始める－

ノア：ヤンさん、今までに ①すごく感動した経験って、ある↑

ヤン：②感動した経験か。すぐには思い出せないけど、嬉しかったことなら ▶質問と違う経験を示す
いっぱいあるよ。

ノア：へー、そうなんだ。例えば、どんな経験↑

ヤン：③何年か前、初めて1人で旅行した時のことなんだけど。 ▶まず、いつのことかを言う

     ⋮

1) ①珍しい経験をしたことってある↑

②んー、珍しいかどうかわからないけど、危ない経験なら何度かしたよ。

③高校生の時のことなんだけど。

👆 **上の会話を使って、自分たちの会話をしてみよう。**

第14課　気持ちを共有しながら経験を話す・聞く

125

Q1 ノアさんの話の流れは、わかりやすいですか？

ヤン：ノアさん、日本に来てから焦ったことってある↑

ノア：焦ったことねえ…　うん。あるある。

ヤン：へー、どんなこと↑

ノア：試験会場、間違えちゃったんだ。

ヤン：えっ↑

練習2　自分から経験したことを話し始める

👥 学校　－朝、教室で友達に会って－

キム：鈴木さん、①昨日、あったま来ちゃったんだよね。　　　　話題を提示する

鈴木：え、どうしたの↑

キム：②自転車で帰ろうと思ったら、なくなっててさ。　　　　状況を説明する

鈴木：③えっ、それは大変。それで、どうしたの↑

　　　　⋮

1) 👥 学校

①こないだ嬉しいことがあったんだ。

②抽選イベントに応募したら、ハワイの旅行券、当たったんだ。

③へー、すごいね。ペアチケット↑

2) 👤 学校

①聞いてくれます↑　日曜日びっくりしたことがあったんです。

②大学の中を歩いていたんですけど、目の前を鹿が通ったんですよ。

③えっ、そりゃびっくりするよね。なんで鹿がキャンパスにいたの↑

👆 **上の会話を使って、自分たちの会話をしてみよう。**

Q2 キムさんの話の始め方はわかりやすいですか？

キム：おはようございます。昨日滑って転んじゃいました。

田中：えっ。

練習3　時間の流れに沿って詳しくわかりやすく話す

👥👥 学校　－新幹線に乗って、焦ったことを話す－

ノア：そういえば、日本に来たばかりの頃、すっごく焦ったことがあるんだ。 　　〔話題を提示する〕

ヤン：ほんと。どうしたの↑

ノア：福岡に友達が住んでいたんで、遊びに行こうと思ったんだ。 　　〔時間の流れに沿って話し始める〕

ヤン：うん。

ノア：初めての旅行だから、新幹線で行こうと決めて、東京駅から乗ったわけ。 　　〔時間の流れに沿って話す〕

ヤン：そうだよね。乗ってみたいよね。

ノア：それで、嬉しくてウキウキしていたら、「この列車は博多行きのぞみ10号です」っていうアナウンスが聞こえたんだ。福岡に行きたいのに。 　　〔時間の流れに沿って話す〕

ヤン：えっ、大変だ。

ノア：と思うよね。それで、間違えて、違う新幹線に乗っちゃったと思って、めちゃくちゃ焦ったんだ。 　　〔その時の気持ちを伝える〕

ヤン：そりゃそうだ。で、どうしたの↑

ノア：それで、隣の席の人に聞いたら、「博多駅は福岡の駅の名前だから、合ってますよ」って言われたんだ。 　　〔時間の流れに沿って話す〕

ヤン：そっか。それは、おもしろいね。言われてみれば、確かにそうだよね。

ノア：今だから笑えるけどね。ま、冷静に考えたら、チケットを確認すればよかったんだけど。

　　　　　　　：

👆 上の会話を使って、自分たちの会話をしてみよう。

練習4　話し手の視点でわかりやすく話す

👥👥 学校　－公園での怖かったことを話す－

ヤン：このあいだ、すごく怖いことがあったんだ。 　　〔話題を提示する〕

鈴木：へー、どうしたの↑

ヤン：公園を歩いていた時のことなんだけど。 　　〔まず、いつのことかを言う〕

鈴木：うん

ヤン：急に何か後ろから頭にドンとぶつかって来たんだ。 　　〔話し手の視点で話す〕

鈴木：え、何だったの↑

ヤン：カラスがさ／ね、後ろから体当たりして来て、飛んで行ったんだ。 　　〔話し手の視点で話す〕

鈴木：わー、怖い。

ヤン：そしたら、向こうでUターンして、また向かって来たから、ダッシュで逃げたよ。 　　〔接続詞を使い話す〕〔話し手の視点で話す〕

鈴木：そっか。この時期は気を付けなくちゃね。子育ての季節だから。

ヤン：そうなんだ。カラスに襲われたの初めてだよ。 　　〔話し手の視点で話す〕

　　　　　　　：

👆 上の会話を使って、自分たちの会話をしてみよう。

127

経験を聞く
けいけん き

カラスに襲われた経験があるんだ！
おそ けいけん
怖い！
こわ

お客なのに店で「いらっしゃい
きゃく みせ
ませ」って言ったの？
い

お金を払う時に財布がないこと
かね はら とき さいふ
に気づいたの？ それは大変だ！
き たいへん

相手に関心や共感を示すには、
あいて かんしん きょうかん しめ
どのように聞いたらいいですか。
き

練習1 相手に経験を聞く
れんしゅう あいて けいけん き

👥📖学校
がっこう

鈴木：ノアさん、①今までに恥ずかしいって思った経験、ある↑
すずき いま は けいけん

ノア：②うん。恥ずかしい経験ならいっぱいあるよ。
は けいけん

鈴木：へー、いっぱいあるんだ。例えば、どんな経験↑
すずき けいけん

ノア：③何年か前、雪道を歩いてた時のことなんだけど。
なんねん まえ ゆきみち ある とき
…

具体的に聞く
ぐたいてき き

関心を示す
かんしん しめ

1) ①日本に来てから、何か困ったことって、ある↑
にほん き なに こま

②困ったことね。もちろん、数えきれないほどあるよ。
こま かぞ

③うーん。どれを話そうかな。
はな

2) ①日本で、何かおもしろい経験してない↑
にほん なに けいけん

②たくさんしてるよ。その時はすごく恥ずかしかったんだけど、あとで思い出すと、笑っちゃう
とき は おも だ わら

ようなこともあるし。

③1人で牛丼屋に行った時のことなんだけどね。
ひとり ぎゅうどんや い とき

✋上の会話を使って、自分たちの会話をしてみよう。
うえ かいわ つか じぶん かいわ

関心や共感を示し、相手の話を引き出す

👥👥 学校 (1)－友達の怖い経験を聞く－
(がっこう)　(ともだち こわ けいけん き)

ヤン：このあいだすごく怖いことがあったんだ。

ノア：えっ、どうしたの↑　　　　　　　　　　　　　　◁ 関心を示す
　　　　　　　　　　　　　　　　　　　　　　　　　　　 (かんしん しめ)

ヤン：公園を歩いていた時のことなんだけど。
　　　(こうえん ある とき)

ノア：うん。

ヤン：急に何か後ろから頭にどんとぶつかって来たんだ。
　　　(きゅう なに うし あたま　　　　　　　　　き)

ノア：①へー、なんだったの↑　　　　　　　　　　　◁ 関心を示す
　　　　────────────　　　　　　　　　　　　 (かんしん しめ)

ヤン：カラスがさ／ね、後ろから体当たりして来て、飛んで行って。
　　　　　　　　　　 (うし たい あ き と い)

ノア：②わー、すごい。　　　　　　　　　　　　　　 ◁ 共感を示す
　　　　───────　　　　　　　　　　　　　　 (きょうかん しめ)

ヤン：そしたら、向こうでUターンしてまた向かって来たわけ。
　　　　　　　　 (む　ゆー　　　　　　　　 む き)

ノア：いやー、怖い。それで↑　　　　　　　　　　　◁ 共感を示し次の話を引き出す
　　　　　　　 (こわ)　　　　　　　　　　　　　　　 (きょうかん しめ つぎ はなし ひ だ)

ヤン：そりゃあ、ダッシュで逃げたよ。
　　　　　　　　　　　　 (に)

ノア：そりゃそうだ。で、追いかけてこなかった↑　◁ 共感を示し質問で話を引き出す
　　　　　　　　　　 (お)　　　　　　　　　　　　　 (きょうかん しめ しつもん はなし ひ だ)

　　　　　　　　　⋮

1) ①えっ、後ろから何が↑　　　　　　　②わー、カラスか。
　　　 (うし なに)

2) ①何か飛んできた↑　　　　　　　　　②いやー痛そう。カラス大きいから。
　　　 (なに と)　　　　　　　　　　　　　　　　 (いた) (おお)

3) ①ボールかなんか↑　　　　　　　　　②えっ、そんなことあるんだ。

👆 **上の会話を使って、自分たちの会話をしてみよう。**
　　(うえ かいわ つか　　 じぶん　　 かいわ)

👥👥 学校 (2)－友達の恥ずかしい経験を聞く－
(がっこう)　(ともだち は けいけん き)

　　　　　　　　　⋮

ノア：1人で牛丼屋に行った時のことなんだけど。
　　　(ひとり ぎゅうどんや い とき)

鈴木：うん。なになに↑　　　　　　　　　　　　　　◁ 関心を示す
(すずき)　　　　　　　　　　　　　　　　　　　　　　 (かんしん しめ)

ノア：私(ぼく／おれ)、焼き肉屋でアルバイトしてることは、話したよね／よな。
　　　(わたし　　　　　　 や にくや　　　　　　　　　　　 はな)

鈴木：うん、聞いたよ。半年前から始めたんだよね。　◁ 応答しコメントする
(すずき)　　 (き)　　 (はんとしまえ はじ)　　　　　　　 (おうとう)

ノア：そう。だから、飲食店での接客はけっこう慣れてるんだ。
　　　　　　　　　 (いんしょくてん せっきゃく　　　　　 な)

鈴木：もうプロだね。　　　　　　　　　　　　　　　◁ コメントする
(すずき)

ノア：そんなことはないけど。で、牛丼を食べている時、お客が入ってきたの。
　　　　　　　　　　　　　　 (ぎゅうどん た とき きゃく はい)

鈴木：うんうん。
(すずき)

ノア：お客が入ってきたら、店の人は「いらっしゃいませ!」って言うじゃない／じゃん。
　　　(きゃく はい　　　　 みせ ひと　　　　　　　　　　　　 い)

鈴木：そうだよね。
(すずき)

ノア：で、思わず、私(ぼく／おれ)も続けて「いらっしゃいませ!」って
　　　　 (おも) (わたし)　　 (つづ)
　　　言っちゃったんだ。いつもの習慣で。
　　　(い)　　　　　　　　　 (しゅうかん)

鈴木：あれ↑　お客だったんだよね。　　　　　　　　◁ 確認する
(すずき)　　 (きゃく)　　　　　　　　　　　　　　　 (かくにん)

ノア：そう。穴があったら、入りたいくらい恥ずかしかった。
　　　　　 (あな)　　　 (はい)　　　　　 (は)

鈴木：そりゃあ、恥ずかしいわ。　　　　　　　　　　◁ 共感を示す
(すずき)　　　　 (は)　　　　　　　　　　　　　　　 (きょうかん しめ)

　　　　　　　　　⋮

👆 **上の会話を使って、自分たちの会話をしてみよう。**
　　(うえ かいわ つか　　 じぶん　　 かいわ)

職場 －同僚と－

マン：さっき、焦っちゃったんです。

佐藤：えっ、どうしたんですか↑　　　　　　　　　　　　関心を示す

マン：昼ご飯食べに食堂に行ったんですけど、

佐藤：ええ。

マン：レジでお金を払おうとしたら、スマホも財布もなかったんですよ。

佐藤：それって、やばいでしょう。　　　　　　　　　　共感を示す

マン：そうなんですよ。一瞬どうしたらいいかわからなくて。

佐藤：①そりゃあそうですよね。　　　　　　　　　　　共感を示す

マン：そしたら、たまたま先輩のリーさんがいらして、

佐藤：②お金、借りられたわけなんですね。　　　　　　次の文を予測し話す

マン：そうなんですよ。運がよかったです。

　　　　　　　　　　⋮

1)　①それは、焦りますよね。　　　　　②よかったですね。お金、借りられたんでしょう↑

2)　①わっ、大変ですね。で、どうしたんですか↑　　　②お金、貸してもらいました↑

☞ **上の会話を使って、自分たちの会話をしてみよう。**

会話例を聞く　　　　　　　　　　　　　　　　　音声 58、音声 59 🔊

会話例1：－友達に冷や汗をかいたような経験について話す－

会話例2：－友達に旅行でがっくりした経験を話す－

使ってみよう

○**会話で使う言葉**

・「こないだ」　　　　　「このあいだ」⇒「こないだ」

・「そりゃびっくりするよね」「それは」⇒「そりゃ／そりゃあ」

　　「それはびっくりするよね」⇒「そりゃびっくりするよね」

　　「それは大変だ」⇒「そりゃ大変だ」

・「言うじゃん」　　　　「～じゃない」⇒「～じゃん」

　　「言うじゃない」⇒「言うじゃん」

　　「やばいじゃない」⇒「やばいじゃん」

・「ま（あ）」：あきらめたり、なだめたりする気持ちを表す。

　　「ま、冷静に考えたら、チケットを確認すればよかったんだけど」

　　「試合に負けたのは悔しいけど、まあ、しょうがない」

・「そしたら」　　　　　「そうしたら」⇒「そしたら」

　　「そうしたら、向こうでUターンして来た」⇒「そしたら、向こうでUターンして来た」

・「もん」（会話例1）　「もの」⇒「もん」

　　「もう1泊しなきゃならなかったもんね」

○**関連語彙・表現**

〈話の流れをわかりやすくする表現〉

・「それで」「で」　　　・「それから」「その後」　　　・「そしたら／そうしたら」

・「そこで」

・「〜(し)ようとしたら」：「お金を払おうとしたら、財布がなかった」
　　　　　　　　　　　　　「でかけようとしたら、雨が降ってきた」

・「次の日」「前の日」「1時間後」「1週間後」

〈気持ちを表す表現〉

・**驚く／びっくりする**：「温泉猿に驚いた」「果物が高いのにびっくりした」

・**恥ずかしい**：「恥ずかしくて顔が赤くなる」「顔から火が出るほど恥ずかしい」

・**寂しい**：「家族に会えなくて寂しい」

・**嬉しい**：「嬉しくて胸がいっぱいになる」「悩みを聞いてくれて、嬉しかった」

・**腹が立つ／頭に来る／むかつく**：「大切なものを捨てられて腹が立った」
　　　　　　　　　　　　　　　　　　「割り込みされてあったま来た」

・**感動する／胸を打たれる**：「その映画の深い友情に感動する」
　　　　　　　　　　　　　　　「健気な子どもに胸を打たれる」

・**照れくさい**：「財布を拾ってあげたら、大声で褒められて、照れくさかった」

・**落ち込む**：「試験の点数がとても悪くて、落ち込んだ」

・**あきれる／あ然とする**：「ネットの文章をコピーしてレポートを提出したと聞いて、あきれた／あ然とした」

・**焦る**：「間違えて違う試験場に行って、焦った」「お客さんの名前を間違えて、焦った」

・**冷や汗をかく**：「空港でパスポートが見つからなくて、冷や汗をかいた」

・**ショック**：「応援していたチームが負けて、ショックだ」
　　　　　　　「好きなアイドルが結婚して、ショックを受けた」

・**がっくり**：「写真のデータが消えてがっくりだ」「頑張ったのに合格できずがっくりした」

・**辛い**：「言葉がわからず友達がいなくて、辛い日々だった」「歯が痛くて、辛い」

・**目の前が真っ暗になる**：「パソコンが壊れて、目の前が真っ暗になった」

〈細かい様子や程度を表す表現〉

・**ぎりぎり**：「ぎりぎり間に合う」「ぎりぎりまで寝る」

・**すっかり**：「すっかりいい気分になる」「すっかりよくなる」「すっかり忘れていた」

・**うっかり**：「うっかり忘れちゃった」「うっかり落とした」

・**ぐっすり**：「ぐっすり寝られる」「電車の中でぐっすり寝ちゃって、乗り過ごした」

・**しっかり**：「しっかり朝ごはんを食べる」「しっかり寝ないと、体を壊してしまう」

・**ちょうど**：「ちょうどバスが来た」「ちょうど電車が発車した」

この課のポイント

①相手にわかりやすいように時間の流れに沿って詳しく経験を話す。

②相手にわかりやすいように視点を意識して話す。

③相手の話に関心や共感を示しながら聞き、相手から話を引き出す。

④お互いに気持ちを共有できるように、気持ちを伝えながら話す。

会話する

会話例を参考にし、この課で学んだことを応用して会話してみましょう。
下のタスクカードをよく読んで、2人で始めから終わりまで話します。
1回終わったら、聞く人と話す人を交替してもう1度会話しましょう。

タスクカードA：
友達に経験を聞く

友達に今まで経験した困ったこと、腹が立ったこと、恥ずかしかったこと、嬉しかったことなどを聞いてください。関心や共感を示しながら聞いて、いろいろ話を引き出してください。

タスクカードB：
友達に経験を話す

友達に経験を聞かれます。今までにあなたが経験した困ったこと、腹が立ったこと、恥ずかしかったこと、嬉しかったことなどを話してください。時間の流れに沿って詳しく話し、その時の気持ちを伝えてください。

タスクカードA：
先輩に経験を聞く

先輩に今まで経験した困ったこと、腹が立ったこと、恥ずかしかったこと、嬉しかったことなどを聞いてください。関心や共感を示しながら聞いて、いろいろ話を引き出してください。

タスクカードB：
後輩に経験を話す

後輩に経験を聞かれます。今までにあなたが経験した困ったこと、腹が立ったこと、恥ずかしかったこと、嬉しかったことなどを話してください。時間の流れに沿って詳しく話し、その時の気持ちを伝えてください。

振り返る

どうでしたか。時間の流れに沿って経験を話したり、気持ちを共有しながら友達の経験を聞いたりできましたか。自分の会話を振り返って以下の振り返りシートに書き込んでください。

[○：できた　△：まあまあ　×：できなかった]

第14課　気持ちを共有しながら経験を話す・聞く　振り返りシート		
経験を話す	・時間の流れに沿って詳しく経験を話すことができたか。	○　△　×
	・視点を意識して話すことができたか。	○　△　×
	・共感してもらえるように、その時の気持ちを伝えることができたか。	○　△　×
経験を聞く	・相手の話に関心を示せるように、応答や質問ができたか。	○　△　×
	・相手と気持ちを共有し、話を引き出すことができたか。	○　△　×
全体	・勉強した表現をいろいろ使ってみたか。	○　△　×
	・相手にわかりやすい順序で話せたか。	○　△　×
	・相手の言ったことがわからない時、確認や聞き返しをしたか。	○　△　×
	・相手の話を聞いている時、いろいろな相づちをうったか。	○　△　×
コメント	よかった点：	
	よくなかった点：	

振り返りを話し合う

それぞれどのように振り返ったかを、会話した相手と話し合ってみましょう。

相手の意見を尊重して意見を言う・求める

意見を求める

話してみる

みなさんは今、どんな社会問題に関心がありますか。それはどんなことですか。もしあったら、それについてクラスメートに意見を求め、自分の意見も述べてください。

振り返る

どうでしたか。お互いの考え方を理解し合いながら、それぞれ意見を言うことができましたか。

聞いて答える

音声60

友達に音声のように聞かれました。あなたは何と答えますか。
(1)－相手の言ったことと同じ場合－
(2)－相手の言ったことと違う場合－

学校 (1)－一般的に言われていることを示してから、友達に意見を求める－
がっこう　　　　いっぱんてき　　　　い　　　　　　　　　　　　　　　し　　　　　　ともだち　　い　けん　　もと

ヤン：ノアさん、①日本の食べ物って健康的だって言われてるけど、そう思う↑
　　　　　　　　　に　ほん　　た　　もの　　　　けんこうてき　　　　い　　　　　　　　　　　　　　おも

ノア：私（ぼく／おれ）もそう聞いてきたんだけど、
　　　わたし　　　　　　　　　　　　　　き

　　　②全部がそうなわけじゃないよね。
　　　　ぜん ぶ

> 一般論を示し
> いっぱんろん　し
> 意見を求める
> い　けん　もと

ヤン：ほんと。どうして↑

> 理由を聞く
> り ゆう　き

ノア：③たいていヘルシーだけど、てんぷらとかカツとか油を使ったものも
　　　　　　　　　　　　　　　　　　　　　　　　　　　あぶら　つか

　　　あるじゃない。
　　　　　　　　　　　　　⋮

1) ①日本のお菓子はおいしいってよく言われるけど、どう思う↑
　　に ほん　　か　し　　　　　　　　　　　い　　　　　　　　　　おも

　②本当にその通りだって思った。
　　ほんとう　　とお　　　　　おも

　③コンビニのスイーツもレベルが高くておいしいし、なにしろ種類が多いよね。
　　　　　　　　　　　　　　　　たか　　　　　　　　　　　　　　しゅるい　おお

2) ①日本はおもてなしの国とか言われるけど、そう思う↑
　　に ほん　　　　　　　　くに　　い　　　　　　　　　　おも

　②確かにそうなんだって思った。
　　たし　　　　　　　　　おも

　③スーパーとかコンビニでも、レストランとかでも店員（さん）はみんな、にこやかで親切じゃない。
　　　　　　　　　　　　　　　　　　　　　　　　てんいん　　　　　　　　　　　　　　　　　しんせつ

✋ 上の会話を使って、自分たちの会話をしてみよう。
　　うえ　かいわ　つか　　じ ぶん　　　かいわ

職場 (2)－社会的なニュースを示してから、同僚に意見を求める－
しょくば　　　　しゃかいてき　　　　　　　　　し　　　　　　　　どうりょう　い けん　もと

マン：最近ニュースで見たんですけど、①レジ袋やストローの使用が減って
　　　さいきん　　　　　　　み　　　　　　　　　　　ふくろ　　　　　　　しよう　　へ

　　　きているそうですね。

> 社会的なニュースを示す
> しゃかいてき　　　　　　し

佐藤：②ええ、マイクロプラスチックとかの海洋汚染が進んでいますからね。
さ とう　　　　　　　　　　　　　　　　　　かいようお せん　すす

マン：そうですよね。③生活の中にはプラスチック製品があふれていますけど、
　　　　　　　　　　　　せいかつ　なか　　　　　　　　　せいひん

　　　どうしたら減らせると思います↑
　　　　　　　　へ　　　　　　おも

> 現状を示し意見を求める
> げんじょう　し　い けん　もと

佐藤：④日本は過剰包装のものが多いので、まず生産者はプラスチック包装
さ とう　　に ほん　か じょうほうそう　　　　おお　　　　　　せいさんしゃ　　　　　　　　ほうそう

　　　を減らして、私たちはなるべくプラスチックの使用が少ない物を買う
　　　　へ　　　　　わたし　　　　　　　　　　　　　　　しよう　すく　　もの　か

　　　ことでしょうかね。
　　　　　　　　　　　　　⋮

1) ①世界では生産された食品の３分の１くらいが捨てられているみたいですよ↗
　　せかい　　せいさん　　しょくひん　ぶん　　　　　す

　②え、そんなに多いんですか。もったいないですね。
　　　　　　　　おお

　③食べる物がなくて苦しんでいる人がいるのにね。どうやって食品ロスを減らしたらいいんでしょうね。
　　た　　もの　　　　くる　　　　　ひと　　　　　　　　　　　　　しょくひん　　へ

　④そうですねえ。弁当屋やパン屋の売れ残りを安く買えるアプリが増えてるので、そういうのを
　　　　　　　　べんとうや　　　や　　う　のこ　　やす　か　　　　　ふ

　　使うのも１つの方法ですよね。
　　つか　　　　　　ほうほう

2) ①世界各地で豪雨被害がひどいですよね。毎年どこかで起きて、多くの人が亡くなっていますから。
　　せかいかくち　ごう う ひ がい　　　　　　　　まいとし　　　　お　　　おお　　ひと　な

　②ほんとですよね。広い範囲で家や畑が流されたり水に浸かったりしていますし。
　　　　　　　　　　　ひろ　はん い　いえ　はたけ　なが　　　　　みず　つ

　③地球温暖化の影響みたいですけど、世界中で起きてるから、私たちができることって、何でしょうね。
　　ちきゅうおんだん か　えいきょう　　　　　　せ かいじゅう　お　　　　　わたし　　　　　　　　　　　なん

　④まず私たちができることから始めたほうがいいですよね。例えば、なるべく車じゃなく公共交
　　　わたし　　　　　　　　はじ　　　　　　　　　　　　　たと　　　　　　　くるま　　　こうきょうこう

　　通機関を利用するとか、電気の消費量の少ない製品を選ぶとかでしょうか。
　　つう き かん　り よう　　　　でん き　しょうひりょう　すく　　せいひん　えら

✋ 上の会話を使って、自分たちの会話をしてみよう。
　　うえ　かいわ　つか　　じ ぶん　　　かいわ

(3) －自分の意見を言ってから、友達に同意と意見を求める－

鈴木：こないだ、①道で食べ歩きしている人が、そのごみをポイ捨てするのを   ▶ 体験を話す
　　　見たんだよね。

ヤン：へー。

鈴木：②マナーが悪いと思わない↑   ◀ 自分の意見を言い
ヤン：③ほんとだよね。道が汚れるだけじゃなくて、リサイクルできない   意見を求める
　　　から環境にもよくないよね。
　　　　　…

1) ①食事会で一緒に撮った写真を、勝手にSNSにアップした人がいるんだよね。
　　②写っている人の許可なしにアップするなんて、ルール違反だと思わない↑
　　③確かにそうだよね。プライバシーを守るためにも、勝手にやったらいけないよね。

2) ①混んでる電車の中で、隣の座席に荷物を置いたまま座っている人がいるんだよね。
　　②座りたい人がいるのに、迷惑だと思わない↑
　　③そうだね。アナウンスでも注意しているし、マナーを守って少しでも多くの人が座れるように
　　　気を遣ってほしいよね。

🖑 上の会話を使って、自分たちの会話をしてみよう。

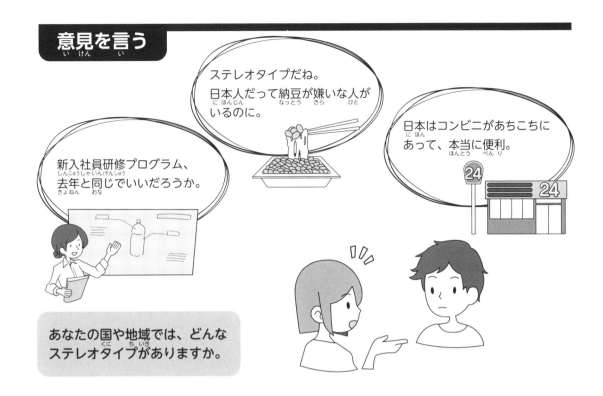

意見を言う
（いけん い）

ステレオタイプだね。
日本人だって納豆が嫌いな人が
（にほんじん）（なっとう）（きら）（ひと）
いるのに。

日本はコンビニがあちこちに
（にほん）
あって、本当に便利。
（ほんとう）（べんり）

新入社員研修プログラム、
（しんにゅうしゃいんけんしゅう）
去年と同じでいいだろうか。
（きょねん）（おな）

あなたの国や地域では、どんな
（くに）（ちいき）
ステレオタイプがありますか。

練習1 **体験したことを話し、自分の意見を言う**
（れんしゅう）　（たいけん　　はな　　じぶん　いけん　い）

学校 －友達にステレオタイプについて話す－
（がっこう）（ともだち）（はな）
　　：

鈴木：こないだ①「女は地図が読めない」って決めつけられたの／んだ。　◁ **体験を話す**
（すずき）　　　（おんな　ちず　よ）　（き）　　　　　　　　　　　　　　　　　　（たいけん　はな）
キム：そうなんだ。②ときどき聞くなあ。
　　　　　　　　　　（き）
鈴木：でもさ、③人によって違うんだから、ステレオタイプで人を判断するのは　◁ **意見を言う**
（すずき）　　　（ひと）　（ちが）　　　　　　　　　　　（ひと　はんだん）　　　　（いけん　い）
　　　よくないと思うんだよね。
　　　　　　　（おも）
キム：確かにそうだね。
　　（たし）
　　　　：

1) ①納豆が嫌いって言ったら、びっくりされたんだ。
　　（なっとう）（きら）（い）
　　②日本人はみんな好きだと思われてるからね。
　　（にほんじん）　（す）　（おも）
　　③個人差があることを忘れて、ステレオタイプで見ちゃうのは問題だよね。誰でもついやりがち
　　（こじんさ）　　　（わす）　　　　　　　　　　（み）　　　（もんだい）　（だれ）
　　だけど。

2) －留学生同士で－
　　（りゅうがくせいどうし）
　　①英語で話しかけられたんだよね。
　　（えいご）（はな）
　　②外国人はみんな英語が話せるって思っている人がけっこういるからね。
　　（がいこくじん）　　（えいご）（はな）　（おも）　（ひと）
　　③人によって使う言語が違うんだし、日本にいるんだから日本語で話してくれたらいいと思うんだ。
　　（ひと）　（つか）（げんご）（ちが）　　（にほん）　　　　　　（にほんご）（はな）　　　　　（おも）

👆 上の会話を使って、自分たちの会話をしてみよう。
（うえ　かいわ　つか　じぶん　　　かいわ）

相手の意見に同意して、自分の意見を追加する

👥 学校

鈴木：① コンビニってさ、いろんなものが売ってて 24 時間開いてるから、ほんとに便利だよね。

ヤン：② そうだよね。それに、③ コピー機や ATM もあるし、スマホも充電できるし、私（ぼく／おれ）にとっては、なくてはならないもんだな。

> 同意し
> 自分の意見を追加する

1) 👤 学校

① 日本の都市の交通手段は、電車や地下鉄、バスが整っていて、どこに行くにもとても便利だよね。

② そうですよね。その上

③ 時刻表通りに来ますし、本数も多いので、計画が立てやすいですね。

2) 👥 職場

① さっき、駅で歩きスマホをしている人にぶつかっちゃったんです。危ないですよね。

② ですよね。人に迷惑なだけじゃなくて

③ 駅のホームとか道とかだと、危険と隣り合わせだから、やめたほうがいいですよね。

✋ 上の会話を使って、自分たちの会話をしてみよう。

練習 3 相手の意見に部分的に同意するが、違う意見も言う

👥 学校

ヤン：① 最近は、いろいろな言語の翻訳アプリがあるから、便利になっていいよね。

キム：② 確かにそうだね。旅行の時とかは、すごく便利だけど、1 つの言語をちゃんと勉強しようと思っている時は、翻訳アプリに頼ると上達しないと思うけどね。

> 一部同意するが
> 違う意見も言う

1) 👤 学校

① 学生は、アルバイトより、もっと勉強に力を入れたほうがいいよね。

② 確かに、学生にとっては勉強は重要ですね。でも、アルバイトもいい社会経験になりますし、自分でお金を稼ぐ大変さがわかるのも、悪くないと思いますが…。

✋ 上の会話を使って、自分たちの会話をしてみよう。

（働きすぎ、テレワークの活用、外国語の上達のために留学は必要かなどについて会話してください）

👤👥👥職場 －職場の先輩田中と同僚と3人で話す－

⋮

マン：①4月の新入社員研修のプログラムについてなんですが…。

田中：あー、そろそろ考えないといけない時期だね。

マン：ええ、そうなんです。②昨年と同じでいいかどうかと思いまして。

田中：まあ同じでもいいけど、③今年は人数が倍ほどいるからねえ。 ▶ 相手の意見を認め、検討点を示す

マン：そうですねえ、同じだと興味を引かないでしょうかね。 ▶ 同意しコメントする

佐藤：それじゃあ、部分的に新しい企画を入れるのはどうでしょうか。 ▶ 意見を言う

マン：でも、予算は同じなので、お金のかかることはできないかもしれ ▶ 検討点を示す
ませんけど。

佐藤：例えば、④グループワークなどうまく使えば、人数が多くても ▶ 具体的に意見を言う
おもしろくなるような気がします。

田中：なるほど。それはおもしろいかもしれないね。

マン：やってみる価値がありそうですね。

⋮

1) ①来月の新製品の説明会 　　　　　　　②前回
　③前回は来てくれた方の反応が薄かった
　④新製品の良さをわかっていただけるように、フリートークの時間を設けて、双方向の意見交換が
　できるようにするのはどうでしょうか。

2) ①再来週からの特別展示会 　　　　　　　②前回の展示会
　③今回は何人来場するかがわからない
　④デジタルボードなどを活用して、人数に差があっても対応できる展示も考えると、いいんじゃ
　ないでしょうか。

👆 上の会話を使って、自分たちの会話をしてみよう。

💬.Q ノアさんの意見の言い方はどうですか？

先生：若い人は、政治に関心のない人が多くて、困るよね。
ノア：いいえ、私／ぼくはそうは思いませんが。

会話例を聞く
音声61、音声62

会話例1：－友達にステレオタイプについて意見を述べ、友達の意見も求める－
会話例2：－同僚にプラスチック製品について実態を述べ、相手の意見も求める－

第15課　相手の意見を尊重して意見を言う・求める

使ってみよう

○**会話で使う言葉**

・「なくてはならない<u>もん</u>だよね」 「もの」⇒「もん」

　　「なくてはならない<u>もの</u>だよね」⇒「なくてはならない<u>もん</u>だよね」

○**表現のまとめ**

〈自分の意見や考えを言う〉

・「～と思う／思います」「～と考える／考えます」

・「～んじゃない／んじゃないかな」「～んじゃないでしょうか」「～んじゃないかと思う／思います」

・「～たほうがいい／いいです」「～たほうがいいと思う／思います」「～たほうがいいんじゃない↑」「～たほうがいいんじゃないかと思う／思います」

・「～べきです」「～べきだと思います」「～べきなんじゃない↑」「～べきなんじゃないかと思います」

・「～べきじゃない」「～べきじゃないと思います」

・「～と言える／言えます」「～と言えると思います」「～と言えるんじゃないでしょうか」

・「～ような気がする／します」「～って気がする」

〈相手の意見や考えに賛成する〉

・「私／ぼくもそう思う／思います」「同感／同感です」「その通りだよね／ですよね」「～の言う通り／通りです」「確かにそうだよね／そうですよね」

〈相手の意見や考えに賛成しないことを示す〉

・「そうかなあ／そうですかあ」「どうかなあ／どうでしょう」

・「そんなことはないんじゃないかな／ないんじゃないでしょうか」

〈相手の意見や考えを認めて、自分の違う意見や考えを言う〉

・「それはそうかもしれないけど／しれませんけど」

・「そういう考え方もあるかもしれないけど／かもしれませんけど」

〈意見や考えを限定する〉

・「個人的には」「個人的な意見ですけど、～」「私／ぼくとしては」

・「一般的には～と思われている／考えられている」

○関連表現・語彙

〈プラスチック問題〉

・海洋汚染、マイクロプラスチック、ナノプラスチック

・生産者の問題：プラスチック製品の多用（ペットボトル、カップ麺など食品包装、フリー
スなどの服）

・消費者の問題：プラスチック製品の購入、プラスチック製品の投げ捨て

・ごみの量が増える

・ごみの分別、リサイクル、アップサイクル、リユース、リメイク

〈食品ロス〉

・食べ残し／食べ残す、売れ残り／売れ残る

・**廃棄する**：「売れ残った食品を廃棄する」

・**賞味期限**：「賞味期限切れ」「賞味期限間近で安くなった物を買う」

・**消費期限**：「消費期限内に食べきる」

・**規格外商品**：「味が良ければ規格外（商品）でも買う」

・**買い過ぎ／買い過ぎる**：「買い過ぎに気を付ける」「買い過ぎないようにする」

〈地球温暖化〉

・異常気象、豪雨、干ばつ、森林火災、台風、ハリケーン、海面上昇、氷河の融解

・対策：カーボンニュートラル（脱炭素）、再生可能エネルギー、省エネ、植林

〈いじめ問題〉

・無視する、暴力をふるう、仲間外れにする、中傷する、悪い噂を流す

・セクハラ（セクシャル・ハラスメント）、パワハラ（パワー・ハラスメント）、アカハラ
（アカデミック・ハラスメント）

・見て見ぬふりをする

・匿名：匿名による中傷

〈その他〉

・**なくてはならない、欠かせない**：「スマホは、なくてはならないものだ」「朝食に牛乳は
欠かせない」

・**～せざるを得ない**：「バスがないので、車に乗らざるを得ない」

・**わけにはいかない**：「電気を使わないわけにはいかない」

この課のポイント

①自分の意見をわかりやすく、また断定しないように伝える。

②自分の意見が相手と違っていても、相手の考え方を認めて自分の意見を述べる。

③自分の意見が相手と同じなのか違うのか、または一部同じなのかがわかるように伝える。

会話する

会話例を参考にし、この課で学んだことを応用して会話してみましょう。
下のタスクカードをよく読んで、3人で始めから終わりまで会話します。
まず、以下の4つのテーマから1つ選んで、話し合ってください。

タスクカードA:
友達に意見を求める

以下の4つのテーマから1つを選んで、友達に意見を求めてください。その後、友達の意見を聞き、その意見を尊重して、同意したり違う意見を言ったりしてください。最後に、みんなの意見をまとめてください。

タスクカードB・C:
友達に意見を言う

以下の4つのテーマから1つを選んでください。友達に意見を求められますので、自分の意見を言ってください。その後、友達の意見を聞き、その意見を尊重して、同意したり違う意見を言ったりしてください。最後に、みんなの意見をまとめてください。

話し合いのテーマ

1) **プラスチック製品の使用について**：プラスチック製品使用の利点と欠点。自分の国のプラスチック製品使用の実態、社会や企業、個人の取り組みとして、今後どのようにプラスチックを減らしたらいいかなど。

2) **食品ロスについて**：食品ロスが起きる原因と実態。社会や企業、個人の取り組みとして、どうしたら食品ロスを減らすことができるか、食糧分配をうまくできるかなど。

3) **ジェンダーについて**：ジェンダーについてどんなステレオタイプの見方があるか、ステレオタイプによる見方についてどう思うか、問題点や注意点など。

4) **SNSの匿名投稿について**：匿名投稿についてどう思うか、匿名による中傷や犯罪が自分の国や地域にあるか、どうしたら解決できるかなど。

振り返る

どうでしたか。よいコミュニケーションができましたか。自分の会話を振り返って以下の振り返りシートに書き込んでください。 [○：できた　△：まあまあ　×：できなかった]

第15課　相手の意見を尊重して意見を言う・求める　振り返りシート		
意見を求める	・相手にわかりやすいように意見を求めることができたか。	○　△　×
	・一般論や自分の意見を言ってから、意見を求められたか	○　△　×
意見を言う	・相手にわかりやすいように意見を言えたか。	○　△　×
	・相手の意見を尊重して、違う意見を言えたか。	○　△　×
全体	・勉強した表現をいろいろ使ってみたか。	○　△　×
	・相手にわかりやすい順序で話せたか。	○　△　×
	・相手の言ったことがわからない時、確認や聞き返しをしたか。	○　△　×
	・相手の話を聞いている時、いろいろな相づちをうったか。	○　△　×
コメント	よかった点：_____	
	よくなかった点：_____	

振り返りを話し合う

それぞれどのように振り返ったかを、会話した相手と話し合ってみましょう。

コラム　日本語のオノマトペの音の意味

　ここでは、オノマトペの言葉の音に含まれている意味について少し紹介します。日本語は他の言語より物や人の様子を表すオノマトペの言葉が多いと言われています。オノマトペは、「～する」「～と」「～に」「～な」が付いて使われたり、そのままの形で使われたりします。ここでは、そのまま使われるものと「～する」と「～と」の形で使われるものについて考えます。

　オノマトペを書く時には、ひらがなとカタカナ、どちらも使われます。どちらを使うかは、その時に書いているものや、書いている人によって変わります。ここでは、カタカナを使います。

　オノマトペには主に擬音語と擬態語の2つがあります。

擬音語：物の音を表す言葉

例1）ドアがバタンと閉まった。

例2）お寺の鐘がゴーンと鳴った。

擬態語：動作や様子を表す言葉

例3）ジッと見る。

例4）肌がチクチクと痒い。

　日本語のオノマトペは、何かの動きから音になり、そこから意味が広がっていることが特徴です。下の例を見てみましょう。

例5）小さい石がコロコロと転がる。

例6）話す人によって、コロコロと態度を変える人がいる。

　例6の「コロコロと」は、例5の「コロコロと」の「小さいものが速く転がる」という意味が広がって、「よく態度が変わる」という様子を表しています。

考えてみよう1

1. みなさんは、今までどんな擬音語と擬態語を見たり聞いたりしたことがありますか。
2. みなさんがよく使うオノマトペの言葉がありますか。そのような言葉は自分の言語でどう言いますか。

1. オノマトペの音が表すもの

　多くのオノマトペの言葉は子音から始まります。下の図のように、子音は物の重さや触感や動きを表します。子音に続く母音は物の動きの形や大きさを表します。

<table>
<tr><td>物の重さや触感や動きを表す</td><td></td><td>物の動きの形や大きさを表す</td></tr>
</table>

子音(C) – 母音(V)

	g	a	N
「ガン」	ガ		ン
	s	a	Q
「サッ」	サ		ッ
	k	i	i	N
「キーン」	キ	ー		ン

* Q = 小さい「っ」を表す。

　母音にも意味がありますが、ここでは子音についてだけ説明します。

2. オノマトペの子音による意味の違い

　子音の違いによって、何かの速さや強さ、重さの程度が表せます。下の4つの例を見ましょう。どんな違いがあると思いますか。

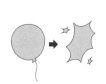   

例7) パンと割れる。　　例8) バンバンと叩く。　　例9) カンカンと鳴る。　　例10) ガンガンと痛む。

　例7の「パン /paN/ と」は例8の「バンバン /baNbaN/ と」よりも軽く、そのためスピードが速いことを表しています。一方、「バンバンと」は力を強く使っていることも表しています(pとbの違い)。例9の「カンカン /kaNkaN/ と」も例10の「ガンガン /gaNgaN/ と」より軽いことを表しています(kとgの違い)。

3. オノマトペの主な子音の基本的な意味

　オノマトペの音のタイプは、CVのタイプとCVCVのタイプに分かれます。
　CVのタイプの例は、「キーン /kiiN/」「パッ /paQ/」「パン /paN/」「ガンガン /gaNgaN/」などです。CVCVのタイプの例は、「グラッ /guraQ/」「チクチク /tikutiku/」「ドキドキ /dokidoki/」「バターン /bataaN/」などです。オノマトペにはCVCVタイプが多いです。主な子音の基本的な意味は次の表1を見てください。

表1　基本的な子音の意味

		CV の C・CVCV の 1 番目の C	
p	張力のある表面への 衝撃または破裂 strong impact on surface tension or explosion	軽い、細かい、かわいい　　light, fine, cute 例1）風船が<u>パン</u> /paN/ と割れる。	
b		重い、強い、粗い　　heavy, strong, rough 例2）学生は机を<u>バンバン</u> /baNbaN/ 叩きながら、 文句を言った。	
t	張力の弱い表面を叩く hitting on loose surface	軽い、細かい、かわいい　　light, fine, cute 例3）隣の人が肩を<u>トントン</u> /toNtoN/ とたたいた。	
d		重い、強い、粗い　　heavy, strong, rough 例4）ドアを<u>ドンドン</u> /doNdoN/ とたたく音がする。	
k	固い表面、動作の厳しさ、確実さ hard surface, sharpness of action, certainty	軽い、細かい、かわいい　　light, fine, cute 例5）教会の鐘が<u>カンカン</u> /kaNkaN/ と鳴った。	
g		重い、強い、粗い　　heavy, strong, rough 例6）頭が<u>ガンガン</u> /gaNgaN/ と痛い。	
s	抵抗のない表面を滑る、 順調さ、流動体 slipping on surface w/o resistance, smoothness, a fluid	軽い、細かい、かわいい　　light, fine, cute 例7）母が部屋に入って来たので、 <u>サッ</u> /saQ/ とマンガを片付けた。	
z		重い、強い、粗い、不完全な heavy, strong, rough, incomplete 例8）教科書を<u>ザッ</u> /zaQ/ と見ただけで試験を受けた。	
m	抑圧　　suppression 例9）失礼な言い方をされて、<u>ムッ</u>/muQ/ とした。		
n	捉えにくさ、粘性　　hard to catch, slimy, sticky 例10）歯を出して、<u>ニッ</u> /niQ/ と笑った。		
h	息、笑い声　　breath, laughter 例11）先生に言われて、<u>ハッ</u> /haQ/ と気が付いた。		
w か母音	興奮、動揺、騒音　　excitement, commotion, noise 例12）パンダの赤ちゃんを見た人たちは<u>ワーワー</u>/waawaa/ 騒いだ。		
子音の後の y	子どもっぽさ、制御されないこと、雑多な音 childishness, no constraint, various sounds 例13）ライオンを見て<u>キャーッ</u>/kyaaQ/ と叫んだ。		

CVCV のタイプ（例　チクチク /tikutiku/ する）の場合は、1 番目の CV（チ /ti/）の子音は何かの表面の性質を表しています。2 番目の CV（ク /ku/）の子音は動きを表しています。2 番目の CV の主な子音の意味は、表 2 を見てください。

表 2　CVCV タイプの 2 番目の子音が表す動き

	CVCV の 2 番目の C	
t	叩く、接触 hitting, contact	軽い、細かい、かわいい light, fine, cute 例 14) ニタニタ /nitanita/ 笑う。
k	上下に動く、外から中に、または中から外に動く moving up and down, from outside to inside, or from inside to outside	軽い、細かい、かわいい light, fine, cute 例 15) パクパク /pakupaku/ と 食べている。
r	回転、流動的な運動　　rotation, fluid movement 例 16) ポロポロ /poroporo/ 涙を流した。	

考えてみよう 2

　CVCV のタイプ（例　チクチク /tikutiku/ する）の例は以下です。下線部が上の表 2 の意味に関係があるか考えてみましょう。

t　例 17) 毎日忙しくバタバタ /batabata/ と生活している。
　　例 18) このパンはモチモチ /motimoti/ している。
k　例 19) 明日コンサートに行くので、ワクワク /wakuwaku/ している。
　　例 20) 緊張して、ドキドキ /dokidoki/ した。
r　例 21) このデザートは、トロッ /toroQ/ として食べやすい。
　　例 22) ダンスをしている人がクルクル /kurukuru/ 回っている。

オノマトペの音の意味は広いので、わかりにくいところがあるかもしれません。しかし、自分の気持ちや物の様子を表現したい時便利なものも多いので、会話の中で使ってみてください。

よいコミュニケーションにするために
―ポイントのまとめ―

　ここでは、この教科書で学習してきた「よいコミュニケーション」のための方法や表現についてポイントをまとめました。よいコミュニケーションのためには、相手の気持ちや状況、また社会的立場に配慮しながら、話し手また聞き手として会話をすることが大切です。

　以下のポイントを何度も見て自分の会話を振り返り、さらにスキルアップを目指してください。

1　会話を適切に始める

(1) 都合を聞く

　　例)「今ちょっといいですか↑」「今、時間(が)ありますか↑」

(2) 用件や話題を提示する。

　　例)「旅行のことなんだけど」「お願いがあるんですけど」

2　会話を適切に終わらせる

(1) 終わりを切り出す

　　例)「あ、そろそろ授業が始まるね」「あ、もうこんな時間ですね」

(2) 会話を終わらせる(挨拶をして)

　　例)「じゃ、またね」「それでは、失礼します」

　　　　「じゃ、お願いします」「それでは、よろしくお願いいたします」

3　会話を続ける

(1) コメントをする

　　例) ノア:「やっと晴れたね。」

　　　　ヤン:「うん。やっぱり気持ちがいいよね。ずっと天気悪かったから」

(2) 質問をする

　　例)「私は韓国から来ました。鈴木さんは韓国に行ったことがありますか↑」

(3) 情報追加をする

　　例)「3月にアメリカからきました、ノアです。よろしくお願いいたします」

　　例) ノア:「日本には長いんですか↑」

　　　　ヤン:「いいえ。9月に来たばかりなんです」

(4) 新しい話題を提供する

　　例)「マンさんは、食べ物に好き嫌いとかはないんですか↑」

　　例)「そういえば(さ)、昨日の晩、地震あったよね」

4　相手の気持ちや状況を配慮する

(1) 相手の状況を配慮して、それを示す

　　例)「今、ちょっといい↑」「忙しいところ悪いけど」「お大事に」

(2) 相手の気持ちを配慮して、それを示す

　　例)「よかったら、一緒に行きませんか↑」

　　　　「すごく残念なんですけど、今週の土曜日は都合が悪くて」

(3) 相手の考えや意向を認める

　　例)「それはそうですね」「確かにそうですね」「そういう考え方もありますね」

(4) 自分の気持ちを伝える

　　例)「助かる／助かります」「本当にごめん」「気にしないで」

　　　　副詞：「やっと金曜日だね」「うっかり寝坊しちゃった」「ぜひ行きたいです」

　　　　文法表現：「寝坊しちゃった」「教えてもらう」

5　上下関係・人間関係を配慮する

(1) 初対面の人に適切な丁寧さで話す

　　例)「はじめまして。リーと言います」「おはようございます。ヤンと申します」

(2) 目上の人に適切な丁寧さで話す

　　例)「今、よろしいでしょうか」「申し訳ないのですが」「連絡がありまして」

　　　　「お願いいたします」「書いていただけないでしょうか」「はい、存じております」

(3) 友達と親しく話す

　　例)「うん」「いっしょに行かない↑」「来られなくなったんだって」「悪いけど」

　　　　「めっちゃ」「それでさ、…」

6　相手にわかりやすく話す

(1) わかりやすい順序で話す

(2) 接続詞を使って、相手が次の話を予測しやすいようにする

　　例)「それで、…」「そうしたら、…」

(3) 視点に気をつけて話す

　　例)授受表現(〜てもらう／〜てくれる)：「案内してもらう」「紹介してくれた」

　　　　受け身(〜(ら)れる)：「友達に言われた」

　　　　移動・方向(〜ていく／〜てくる)：「鳥が飛んで行った」「電話をかけてきた」

7 相手の話に関心や興味を示す

(1) 相手の話を聞いて、コメントをする
　　例)「他に引き受けてくれる人がいるといいんですが…」
　　例)「じゃあ今度私もカナダで食べてみようっと」
(2) 質問をする
　　例)「中国のどの辺ですか↑」「どんな味↑」
(3) いろいろな相づちをうつ
　　例)「そっか／そうですか」「そうなんだ／そうなんですか」「いいね／いいですね」
　　　「へー」「ふーん」「えっ、ほんと／ほんとですか」「あー」「なるほど」
(4) 相手の話を先に進める
　　例)「それで↑」「で↑」「へー、それで↑／それでどうしたんですか↑」
(5) 文の流れを予測して話す
　　例) マン：「たまたま先輩のリーさんがいらして」
　　　佐藤：「お金借りられたわけなんですね」

8 相手と気持ちを共有する

(1) 相手に共感を示す（終助詞を使って）
　　例)「大変だったね／大変でしたね」「それは嬉しいよね／それは嬉しいですよね」
　　　「よかったね／よかったですね」「そうだよね／そうですよね」
(2) 相手の話を聞いて、コメントする
　　例) ヤン：「久しぶりに傘持たずに来たよ」
　　　ノア：「傘持って来るの、面倒くさいからね」
　　例) キム：「人も多いし、地下鉄もいろいろな路線があるしね」
　　　ノア：「そうそう。電車は混んでるし」

9 理解していることを示す

(1) 理解したことを確認する（終助詞を使って）
　　例)「金曜日ですね」
(2) 次の行動を示す
　　例)「はい。山田さんに伺います」

グループ活動例1：自分の考えを発表し、話し合う

　あるテーマについて、グループで話し合う活動です。自分の考えをまとめ、グループ内で発表し、他の人の発表を聞きます。それから、グループで話し合い、グループの考えをまとめる。自分が感じたことや考えたことをたくさん話す機会になりますから、会話練習だけではなく、この活動もやってみましょう。

〇目標

1. テーマに関して自分がどのように感じているか、考えているかを客観的にまとめられるようになる。
2. 他の人にわかりやすく自分の考えたことを伝えられるようになる。
3. 他の人の感想や考えを聞き、わからないことなどを質問して、理解できるようになる。また、新しい言葉や表現を教え合い、学べるようになる。
4. グループで話し合って、異なる意見を尊重しながらグループとしての意見をまとめられるようになる。
5. グループ活動の後で振り返って、新たな発見や気付きを意識できるようになる。

〇テーマ例

　興味やレベル、カリキュラムなどに応じて、以下のテーマの中から選んでください。全部する必要はありません。また以下を参考にして、自分たちで話し合いたいテーマを決めてもいいです。

　　例）
　　・日本語学習、日本社会について
　　　　「日本に来て驚いたこと」（始めの頃）
　　　　「お勧めしたい日本文化」（第11課までに）
　　　　「日本語を効果的に学習するために重要なこと」（前半に）
　　　　「日本語でコミュニケーションする際に重要なこと」（第7課の前）
　　　　「日本の学校や会社でうまく過ごすために重要なこと」（第8課までに）
　　・自分の国、地域について
　　　　「私の国や地域で好きな料理、スイーツ」（第5課前後）
　　　　「私の国や地域で好きな場所、お勧めの場所」（第9課前後）
　　　　「私の国や地域、私の家や学校で好きな行事」（第10課前後）
　　・社会問題について
　　　　「プラスチックごみを減らすために自分や社会ができること」（第15課の前）
　　　　「地球温暖化（地球沸騰化）を止めるために自分や社会ができること」（第15課の前）
　　　　　　　　　　　　　　　　　　　　　　（　）の中は、活動を実施する時期の例を示した。

○実際の進め方

〈準備：事前課題〉

1人で

(1) テーマについて自分の考えをまとめ、シートに書いて準備する。**(ワークシート1提出)**

　①自分にとって、〔好きなこと／勧めたいこと／重要だと思うこと〕を3つ考える。

　　そして、1番、2番、3番と順位をつける。

　②どうしてそれらを選んだか、なぜその順番にしたかを考える。

　③テーマによって必要なら、自分の国、地域と日本の場合を比較する。

> ・考えを深める
> ・様々な表現を使用する

〈授業内で〉

グループで

(2) 3〜4人のグループになり、1人ずつ順番に発表する。発表時間は1人約3分。聞いている人は、わからない言葉や表現、内容などを質問する。

> ・わかりやすく発表する
> ・聞いている時、質問する
> ・わからないことを教え合う

(3) グループで話し合って、グループの考え、意見をまとめる。

(ワークシート2提出)

　①グループの中で、〔好きなこと／勧めたいこと／重要だと思うこと〕を3つ選び、1番、2番、3番と順位をつける。

　②どうしてそれらを選んだか、なぜその順番にしたかを考える。

　③テーマによって必要なら、自分達の国、地域と日本の様子を比較する。

全員で

(4) グループの意見をクラス全体の中で報告する。他のグループの人は、報告を聞いて質問やコメントをする。

1人で

(5) 下の振り返りシートを使って、活動を振り返る。

振り返りシート [○：よかった　△：まあまあ　×：よくなかった]		
準備する	・複数の考えを出して、選択し順位を決めたか。	○　△　×
	・いろいろな表現を使って、考えをまとめたか。	○　△　×
発表する	・わかりやすく発表できたか。	○　△　×
	・詳しく発表できたか。	○　△　×
	・質問されたことに答えられたか。	○　△　×
発表を聞く	・他の人の発表の内容が理解できたか。	○　△　×
	・わからないことを質問したか。	○　△　×
	・他の人が使った、知らない言葉や表現を学べたか。	○　△　×
話し合う	・全員が意見を言うことができたか。	○　△　×
	・違う意見が出たとき、話し合って結論を出したか。	○　△　×
	・話し合いの中で新しい発見や気付きがあったか。	○　△　×
コメント	よかった点：	
	よくなかった点：	

テーマ：_____

名前_____

	自分の考え
1	〈1番好きなこと／勧めたいこと／重要だと思うこと〉 〈理由：なぜこれが1番だと思うか〉 〈自分の国、地域と日本の場合の比較（テーマによって必要なら）〉
2	〈2番だと思うこと〉 〈理由：なぜこれが2番だと思うか〉 〈自分の国、地域と日本の場合の比較（テーマによって必要なら）〉
3	〈3番だと思うこと〉 〈理由：なぜこれが3番だと思うか〉 〈自分の国、地域と日本の場合の比較（テーマによって必要なら）〉

テーマ：＿＿＿＿＿＿＿＿＿＿＿＿＿＿＿＿＿＿＿＿＿＿＿＿

グループのメンバー：＿＿＿＿＿＿＿＿＿＿＿＿＿＿＿＿＿＿＿＿＿＿＿＿＿

グループの考え	
1	〈1番好きなこと／勧めたいこと／重要だと思うこと〉 〈理由：なぜこれを1番にしたか〉 〈自分の国、地域と日本の場合の比較（テーマによって必要なら）〉
2	〈2番だと思うこと〉 〈理由：なぜこれを2番にしたか〉 〈自分の国、地域と日本の場合の比較（テーマによって必要なら）〉
3	〈3番だと思うこと〉 〈理由：なぜこれを3番にしたか〉 〈自分の国、地域と日本の場合の比較（テーマによって必要なら）〉

グループ活動例1 :: 自分の考えを発表し、話し合う

155

グループ活動例2：4コマ漫画のストーリーを作る

4コマ漫画を使って、詳しくわかりやすくストーリーを話す活動です。第14課「気持ちを共有しながら経験を話す・聞く」の前に行うと、経験を話す会話がスムーズにできるようになります。

○目標：

1. 接続詞などを使い、時間の流れに沿って詳しくストーリーを話せるようになる。
2. 1人の視点でストーリーが話せるようになる。
3. いろいろな表現を使って、状況を細かく説明したり登場人物の気持ちを伝えたりできるようになる。
4. ストーリーを話した後、他の人が理解した内容や質問を聞いて、そこから自分の話し方で何が足りないかを考え、気を付けて話せるようになる。
5. 他の人の異なる漫画のストーリーを聞いて、理解し状況をイメージできるようになる。
6. 他の人と協力して1つのストーリーを作成し、同じ漫画でも使用する表現や注目する点、感じ方が違うことに気付き、自分が話すときに生かせるようになる。

○活動の内容

1. 指定された4コマ漫画を見て、そのストーリーを自分で考えて書く。
2. 異なる4コマ漫画を持っている3人のグループの中で、漫画を見せずに自分のストーリーを発表する。
3. 他の人のストーリーを聞いて、わからない言葉や表現、内容などを質問して、内容や状況を理解する。
4. それぞれの4コマ漫画を見せ合い、理解しイメージした内容とどのようなところが同じだったか、また違っていたかを話す。
5. 同じ4コマ漫画を持っている人と集まってグループになり、それぞれが考えたストーリーを合わせて話し合い、よりよいストーリーを作る。
6. グループで作成したストーリーをクラス全体の中で話す。

○実際の進め方

〈準備：事前課題〉

| 1人で | (1)指定された4コマ漫画のストーリーを自分で考え、シートに書いて準備する。 |

（ワークシート1 提出）

> ・接続詞などを使いわかりやすい流れにする
> ・1人の視点でストーリーを書く
> ・詳しい状況や人物の気持ちを伝える

〈授業内で〉

グループで

(2) 異なる4コマ漫画を持った3人がグループになり、1人ずつ順番に漫画を見せずにストーリーを発表する。発表時間は約2〜3分。聞いている人は、わからない言葉や表現、内容などを質問する。

> ・わかりやすく話す
> ・わからないことを教え合う

(3) 発表が終わったら、4コマ漫画を見せ合い、各自が聞いて理解した内容とどのように違っていたか、また同じだったか話す。

> ・自分の理解の仕方、相手による理解のされ方に気付く

新グループで

(4) 同じ4コマ漫画を持っている人と3人の新しいグループになる。それぞれのストーリーの相違点や共通点を意識して、グループでよりよいストーリーを考える。
（ワークシート2提出）

> ・使った表現や注目した点、感じ方の違いに気付く

全体で

(5) グループで作成したストーリーをクラス全体の中で話す。他のグループの人は、話しを聞いて質問やコメントをする。

1人で

(6) 下の振り返りシートを使って、活動を振り返る。

振り返りシート		
	[○：よかった　△：まあまあ　×：よくなかった]	
準備する	・1人の視点でわかりやすくストーリーを作れたか。	○ △ ×
	・接続詞などを使い、スムーズな流れにできたか。	○ △ ×
	・登場人物の表情や気持ちを表現できたか。	○ △ ×
発表する	・わかりやすく発表できたか。	○ △ ×
	・詳しく発表できたか。	○ △ ×
	・質問されたことに答えられたか。	○ △ ×
	・他の人が理解した内容や質問から自分の話し方の不十分な点に気付いたか。	○ △ ×
発表を聞く	・他の人のストーリーが理解できたか。	○ △ ×
	・わからないことを質問したか。	○ △ ×
	・他の人が使った、知らない言葉や表現を学べたか。	○ △ ×
一緒にストーリーを作る	・全員がいろいろな意見を言うことができたか。	○ △ ×
	・同じ漫画のストーリーだが、相違点に気付いたか。	○ △ ×
	・他の人が作ったストーリーから学べたか。	○ △ ×
コメント	よかった点：	
	よくなかった点：	

名前＿＿＿＿＿＿＿＿＿＿＿＿＿＿＿＿＿
なまえ

どの4コマ漫画か。	

1コマ目：
め

2コマ目：
め

3コマ目：
め

4コマ目：
め

グループのメンバー：_____

どの４コマ漫画か。	

１コマ目：

_____

_____

_____

_____

２コマ目：

_____

_____

_____

_____

３コマ目：

_____

_____

_____

_____

４コマ目：

_____

_____

_____

_____

グループ活動例２：４コマ漫画のストーリーを作る

索 引
さく いん

- ●別：別冊のページ数
- ● L：課（例 第1課→L1）、ウォ：ウォーミングアップ、特：日本語の会話の特徴—相づちと終助詞、
  コ：コラム　オノマトペの音の意味、ま：よいコミュニケーションにするために—ポイントのまとめ、
  活：グループ活動例1・2

う

え

お

き

す

に

ぬ

ね

ひ

ふ

へ

ほ

ま

む

め

み

も

や

ゆ

索引（め〜り）

185

あとがき

　本書は学習者の皆さんによりよいコミュニケーションができるようになって、様々な人とつながり交流してほしいという思いから作成しました。長年教育現場にいて、学習者の皆さんから様々な声が寄せられました。例えば、「会話が続かない」、「言われたことはわかるけど、どう答えていいかわからない」、「相手の気持ちがわからない」、「気持ちを伝えられない」、「自分が考えたことがうまく言えない」など多くの声がありました。それらの声に応えられるように作成した教材を対面授業やオンライン授業で使用し、学習者の皆さんからのフィードバックや様々な方のご意見を参考にしながら改良を重ね、完成させました。

　本書には多くの語彙や表現を入れました。人によって日本語学習の目的や生活環境、関心があることが違うため、自分が使いたい語彙や表現を選択できるようにしました。また、学習者の皆さんが興味を持って会話に参加できるように、日本の文化や地名なども意識して取り入れました。本書を使い、楽しみながら様々な話題で会話をすることにより、さらに自然で相手を尊重したコミュニケーションができるようになり、豊かな人間関係を築いていってほしいと願っております。

　最後になりましたが、本書の執筆にあたり様々な形でご協力くださった方々に、この場を借りてお礼申し上げます。特に、早稲田大学の留学生の皆さんには、10年以上毎学期有益なフィードバックをいただきました。そして、北海道大学の平塚真理先生にも貴重なご意見をいただきました。また、出版の際には、ひつじ書房の松本功社長、編集担当の相川奈緒さんと海老澤絵莉さんには、大変お世話になりました。心より感謝申し上げます。

2024年5月　執筆者一同

参考資料

秋田喜美・内村直之(2022)『オノマトペの認知科学』新曜社

庵功雄他(2000)『初級を教える人のための日本語文法ハンドブック』スリーエーネットワーク

庵功雄他(2001)『中上級を教える人のための日本語文法ハンドブック』スリーエーネットワーク

百濟正和(2016)「タスクを作ろう！―Task Based Language Teaching(TBLT)の知見を活かして―」
　　　　　日本語教育学会2015年度日本語教師研修資料(2016.1.9)

近藤安月子・小森和子(2012)『研究社日本語教育事典』研究社

日本語文法学会編(2014)『日本語文法辞典』大修館書店

浜野祥子(2014)『日本語のオノマトペ―音象徴と構造―』くろしお出版

浜野祥子(2016)「オノマトペを教える」The Annual Fall Conference of the Foreign Language
　　　　　Association of Virginia (FLAVA) Williamsburg, Virginia 資料(2016.10.7)

Jae-ho Lee and Yoichiro Hasebe(2013-2022)「日本語文章難易度判定システム　jReadability」
　　　　　http://jreadability.net/

KAWAMURA Yoshiko, KITAMURA Tatsuya and HOBARA Rei(1997-2021)
　　　　　「日本語読解学習支援システム　リーディング　チュウ太」https://chuta.cegloc.tsukuba.ac.jp/

SUGANAGA Yoichi and MATSUSHITA Tatsuhiko(2013)
　　　　　「J-LEX 語彙レベルチェック」http://www17408ui.sakura.ne.jp/index.html

執筆者紹介

小池真理(こいけ　まり)

元早稲田大学日本語教育研究センター非常勤講師。北海道大学国際広報メディア研究科博士後期課程満期退学。修士(国際広報メディア学)。著書に『改訂版　聞く・考える・話す　留学生のための初級にほんご会話』(共著／スリーエーネットワーク)等がある。元 ACTFL 認定 OPI 試験官。

小林ヒルマン恭子(こばやし　ひるまん　きょうこ)

カナダ、ブリティッシュコロンビア大学アジア研究学科専任講師。米国メリーランド大学カレッジパーク校言語文学文化学部博士課程修了。博士(第二言語習得学)。著書に『アカデミックプレゼンテーション入門』(共著／ひつじ書房)等がある。元 ACTFL 認定 OPI 試験官。

宮崎聡子(みやざき　さとこ)

関西学院大学日本語教育センター言語特別講師。岡山大学社会文化科学研究科博士後期課程修了。博士(文学)。著書に『改訂版　聞く・考える・話す　留学生のための初級にほんご会話』(共著／スリーエーネットワーク)等がある。元 ACTFL 認定 OPI 試験官。

声の出演

菊池佳南
小寺悠介
堀川 炎

あとがき

189

中級からの人とつながる日本語会話
―ワンランク上のコミュニケーション力を目指そう

Japanese Conversation for Connecting with People
at the Intermediate Level and Higher:
Aiming towards More Sophisticated Communication Skills

Koike Mari, Kobayashi Hillman Kyoko and Miyazaki Satoko

発行　　　2024 年 5 月 31 日　初版 1 刷
定価　　　2400 円＋税
著者　　　© 小池真理・小林ヒルマン恭子・宮崎聡子
発行者　　松本功
装丁　　　木村悟（asahi edigraphy）
組版・イラスト　木幡奈都乃（asahi edigraphy）
印刷・製本所　株式会社 シナノ
発行所　　株式会社 ひつじ書房
　　　　　〒112-0011 東京都文京区千石 2-1-2　大和ビル 2 階
　　　　　Tel.03-5319-4916　Fax.03-5319-4917
　　　　　郵便振替 00120-8-142852
　　　　　toiawase@hituzi.co.jp　https://www.hituzi.co.jp/

ISBN978-4-8234-1147-2

〈刊行書籍のご案内〉

ピアで学ぶ大学生の日本語表現 ［第 2 版］

プロセス重視のレポート作成

大島弥生・池田玲子・大場理恵子・加納なおみ・高橋淑郎・岩田夏穂著
定価 1,600 円＋税
相手に伝わるレポートの書き方・発表のしかたを身につけるための実践的表現活動をタスク化したテキスト。2005 年の初版刊行後、変化した学生生活に合わせてリニューアル。

ピアで学ぶ大学生・留学生の日本語コミュニケーション

プレゼンテーションとライティング

大島弥生・大場理恵子・岩田夏穂・池田玲子著
定価 1,500 円＋税
大学入学後の初年次教育や入試・編入の小論文指導などに適した活動型教科書。本を批判的に分析するグループワーク等、各課のタスクをピア活動を通じて行う。練習問題も豊富。

〈刊行書籍のご案内〉

型から学ぶ日本語練習帳

10 代のはじめてのレポート・プレゼン・実用文書のために

要弥由美著
定価 2,400 円＋税
全ては型を倣うことから！　テキストタイプ別の定型文・形式を軸に、表現や文法を学ぶ。学生生活から就職活動、社会生活で役立つ、文書の基本を身につける。

グループワークで日本語表現力アップ

野田春美・岡村裕美・米田真理子・辻野あらと・藤本真理子・稲葉小由紀著
定価 1,400 円＋税
グループワークを活用した大学初年次向けの文章表現のテキスト。文章表現の基本的な知識や姿勢からレポート執筆まで、豊富な課題で楽しく学び、効果的に習得できる。

失敗から学ぶ大学生のレポート作成法 ［第 2 版］

近藤裕子・由井恭子・春日美穂著
定価 1,600 円＋税
大学初年次を対象としたレポート作成法の定番テキストがリニューアル。学生が失敗しがちな例をあげながら、レポートの書き方を学ぶ。レポートのサンプルや練習問題も掲載。

〈刊行書籍のご案内〉

日本語　巡り合い　I

佐々木瑞枝監修　『巡り合い』編集委員会執筆
定価 3,000 円＋税
マンガで予習し、授業でアクティブ・ラーニングを取り入れながら学ぶ、「反転授業」に適した日本語教科書。1 巻は初級で、JLPT N5 〜 N4、CEFR A1 〜 A2 対応。

そのまんまの日本語

自然な会話で学ぶ

遠藤織枝編
阿部ひで子・小林美恵子・三枝優子・髙橋美奈子・髙宮優実・中島悦子・本田明子・谷部弘子著
定価 2,000 円＋税
実際の談話を素材とした中級学習者向けの日本語会話教科書。日本語のコミュニケーションの実際をつかみとる。英韓中訳を掲載した語彙リストと音声 CD つき。

使える日本語文法ガイドブック

やさしい日本語で教室と文法をつなぐ

中西久実子・坂口昌子・大谷つかさ・寺田友子著
定価 1,600 円＋税
「使える日本語」を教えるために必要な情報を平易な日本語で書いたガイドブック。初心者の日本語教員でも、授業の前に読んで使えるよう配慮した文法の苦手な人向けの入門書。

場面とコミュニケーションでわかる日本語文法ハンドブック

中西久実子編　中西久実子・坂口昌子・中俣尚己・大谷つかさ・寺田友子著
定価 3,600 円＋税
日本語教師が知っておくべき知識・技術を網羅。総ルビで外国人日本語学習者の読解教材として使える。文法知識は主要な教科書との対応が示され、新人日本語教師の助けになる。

中級からの
人とつながる
日本語会話

ワンランク上の
コミュニケーション力を目指そう

別冊

ひつじ書房

ウォーミングアップ

会話文を聞いて、下線部に入れる適切な応答を a)～c) または a)～d) の中から選んでください。答えは1つだけではないこともあります。

スクリプト

(1) －知り合いに会って－　　　　　　　　　　　音声1 🔊

田中：おはようございます。今日は暑いですね↗

ノア：＿＿＿＿＿＿＿＿＿＿。

a)そうです

b)そうですね

c)そうですか

(2) －サークルでノアさんが先輩に－　　　　　音声2 🔊

ノア：先輩、明日のミーティングは何時からですか↗

先輩：4時からだよ。

ノア：＿＿＿＿＿＿＿＿＿＿。

a)そうです

b)そうですね

c)そうですか

(3) －ノアさんがお好み焼きを初めて見て－　　音声3 🔊

ノア：鈴木さん、これがお好み焼き↗

鈴木：＿＿＿＿＿＿＿＿＿＿。

a)そう

b)そうだね

c)そうか

(4) －ノアさんがお好み焼きを初めて見たので、鈴木さんが教えます－　音声4 🔊

鈴木：ノアさん、これがお好み焼き。

ノア：＿＿＿＿＿＿＿＿＿＿。

a)そう

b)そうだね

c)そうか

2

(5)－ノアさんは大学1年生です－

  先輩：ノアさんは1年生ですよね↗

  ノア：＿＿＿＿＿＿＿＿＿＿。

a)そうですよね

b)そうですね

c)そうです

音声5 🔊

(6)－ノアさんも鈴木さんもヤンさんを知っています－

  鈴木：最近、ヤンさん忙しそうだね↗

  ノア：＿＿＿＿＿＿＿＿＿＿。

a)そうだよ

b)そうだね

c)そう

音声6 🔊

(7)－昼12時半ごろ友達に会って－

  鈴木：もう昼ごはん、食べた↑

  ノア：＿＿＿＿＿＿＿＿＿＿。

a)うん、まだ

b)ううん、まだ

c)んー、まだ

音声7 🔊

(8)－レストランでメニューを見ながら－

  鈴木：何食べる↑

  ノア：＿＿＿＿＿＿＿＿＿＿。

a)うん、何にしよう

b)ううん、何にしよう

c)んー、何にしよう

音声8 🔊

(9)－サークルで－

  先輩：大学院に合格したんですよ。

  ノア：へー、おめでとうございます。＿＿＿＿＿＿＿＿。

a)いいです

b)いいですね

c)よかったです

d)よかったですね

音声9 🔊

(10) －サークルで－

田中：ノアさん、アルバイトが決まったそうですね↗
た なか

ノア：＿＿＿＿＿＿＿＿＿。

a) ええ、いいです

b) ええ、いいですね

c) ええ、よかったです

d) ええ、よかったですね

(11) －サークルで－

ノア：金曜日のミーティングは、どこですか↑
きんよう び

田中：3 階の会議室ですよ↗
た なか かい かい ぎ しつ

ノア：＿＿＿＿＿＿＿＿＿。

a) そうですか

b) そうなんですか

c) なるほど

(12) －サークルで－

ノア：ミーティングは、どうして来週に変わったんですか↑
らいしゅう か

田中：準備が終わらなかったそうですよ↗
じゅん び お

ノア：＿＿＿＿＿＿＿＿＿。

a) なるほど

b) なるほどです

c) なるほどですね

(13) －コンビニでお弁当を買って－
べんとう か

店員：おはし、おつけしますか↑
てんいん

ノア：＿＿＿＿＿＿＿＿＿。

a) はい、大丈夫です
だいじょうぶ

b) はい、お願いします
ねが

c) はい、おつけしてください

（14）－カフェのレジで－

| 店員：アプリ、お持ちですか↑
| ノア：＿＿＿＿＿＿＿＿。

a）はい、これです

b）はい、どうぞ

c）はい、お持ちです

（15）－先輩にごちそうになって－

| 先輩：今日の店、どうだった↑
| ノア：＿＿＿＿＿＿＿＿。

a）大丈夫です

b）いいです

c）おいしかったです

答

（1）b	（2）c	（3）a,（b）	（4）c	（5）c
（6）b	（7）b	（8）a，c	（9）d	（10）c
（11）a	（12）a	（13）b	（14）a	（15）c

第 1 課　関心を示して自己紹介をする
かんしん　しめ　　　じこしょうかい

スクリプト

聞いて答える　　[p. 6]
き　　こた

音声 16 🔊
おんせい

次の状況で音声のように、知らない人に話しかけられます。何と答えますか。
つぎ　じょうきょう　おんせい　　　　　　　　し　　ひと　はな　　　　　　　　なん　こた

(1)－オリエンテーションで隣に座った人に話しかけられます－
となり　すわ　ひと　はな

┃ 知らない人：あの、留学生さんですか↑
し　　ひと　　　　　　　りゅうがくせい

(2)－サークルの集まりで近くにいる人と目が合って、話しかけられます－
あつ　　　　ちか　　　　　ひと　め　あ　　　　はな

┃ 知らない人：(あなたを見て)あ、鈴木です。
し　　ひと　　　　　　　　み　　　　すずき

会話例を聞く　　[p. 12]
かいわれい　き

会話例 1：－サークルに新しく入った留学生ノアが先輩田中に紹介される－
かいわれい　　　　　　　　　あたら　　はい　　りゅうがくせい　　　せんぱいたなか　しょうかい

音声 17 🔊
おんせい

> リー：田中さん、こちら新しく入るノアさん。
> たなか　　　　　あたら　はい
>
> ノア：こんにちは。アメリカから来たノアです。よろしくお願いします。
> ねが
>
> 田中：こちらこそ、どうぞよろしく。田中です。
> たなか　　　　　　　　　　　　　　　　　たなか
>
> 　　　ノアさんは、アメリカのどの辺から↑
> へん
>
> ノア：アメリカのミネソタ州なんですが、どこかわかりますか↑
> しゅう
>
> 田中：西の方↑
> たなか　にし　ほう
>
> ノア：いえ、真ん中のあたりです。
> ま　なか
>
> 田中：へー、そうなんだ。
> たなか
>
> ノア：あまり有名なところではないですからね。アメリカへ行ったことはありますか↑
> ゆうめい　　　　　　　　　　　　　　　　い
>
> 田中：うん、去年ロスアンジェルスとサンフランシスコとシアトルへ行ったんだけどね、
> たなか　　　きょねん　　　　　　　　　　　　　　　　　　　　　　　　い
>
> ノア：ええ。
>
> 田中：アメリカは何でも大きくて、びっくりした。
> たなか　　　　　　なん　おお
>
> ノア：そうですか。
>
> 田中：ところで、ノアさんは、日本にはもうどのくらいいるの↑
> たなか　　　　　　　　　　　　にほん
>
> ノア：1 年くらいです。去年の 4 月に来たんです。
> ねん　　　　　きょねん　がつ　き
>
> 田中：そうなんだ。それで、日本語が上手なんだねえ。
> たなか　　　　　　　　　　　にほんご　じょうず
>
> ノア：いいえ、まだまだです。サークルの中でも、日本語の練習がしたいので、
> なか　　　にほんご　れんしゅう
>
> 　　　どうぞよろしくお願いします。
> ねが
>
> 田中：私もアメリカのことを知りたいんで、これからよろしく。
> たなか　わたし　　　　　　　　し

会話例 2：－職場の懇親会で初めて会った人と話す－
かいわれい　　　　しょくば　こんしんかい　はじ　　あ　ひと　はな

音声 18 🔊
おんせい

> 山田：あの、ビールはいかがですか↑
> やまだ
>
> マン：ええ、ありがとうございます。いただきます。
>
> 山田：申し遅れましたが、山田と申します。
> やまだ　もう　おく　　　　　　やまだ　もう

マン：マンと申します。よろしくお願いいたします。

山田：マンさんは、今年入社されたんですか↑

マン：はい。春に入社して、ちょうど研修が終わったところなんです。

山田：あー、そうなんですか。私は去年入社したんですけど、慣れるまでは大変ですよね。

マン：そうですね。わからないことばかりです。

山田：最初はしかたがないですよ。だんだん慣れていきますから、大丈夫ですよ。

マン：はい。早く慣れるように頑張ります。わからないことがありましたら、お聞きしてもよろしいですか↑

山田：いいですよ↗　わかることなら、何でも答えます。

マン：ありがとうございます。これからよろしくお願いいたします。

山田：こちらこそ、よろしくお願いします。

😀 Q のよいコミュニケーションの会話例

😀 Q1 初対面の人にイーさんの話題は適切ですか？　[p. 8]

山田：はじめまして。山田と申します。

イー：はじめまして。イーです。よろしくお願いいたします。

山田：よろしくお願いします。

イー：山田さんは、<u>おいくつですか↑</u>

山田：…。

初対面の時は、年齢の話題はしないほうがいいです。

山田：はじめまして。山田と申します。

イー：はじめまして。イーです。よろしくお願いいたします。

山田：よろしくお願いします。

イー：山田さんは、<u>東京には長いんですか↑</u>

山田：大学に入った時に、住み始めたので、けっこう長いです。

😀 Q2 ノアさんの応答は正しいですか？　[p. 8]

ノア：どこから来たんですか↑

ヤン：中国の四川省です。

ノア：<u>そうですね</u>。

「そうですね」は同意を示します。
正しい応答をしましょう。

ノア：どこから来たんですか↑

ヤン：中国の四川省です。

ノア：<u>そうですか</u>。

第2課　気持ちを配慮して誘う・誘われる

スクリプト

聞いて答える　[p. 14]　音声 19 🔊

　友達と話している時に、友達が音声のように言いました。(1)と(2)の場合、それぞれ何と言いますか。

(1) －共感(同じ気持ち)を表す時－

┃友達：どこか行きたいなあ。

(2) －何か提案をする時－

┃友達：どこか行きたいなあ。

聞いて答える 1　[p. 17]　音声 20 🔊

　次の会話を聞いてください。行きたいけれど行けない時、何と答えますか。

鈴木：おはよう。

ノア：あ、鈴木さん。おはよう。

鈴木：あのさ、ノアさんは日本のお祭りに興味ある↑

ノア：うん、もちろん。

鈴木：今度の土曜日に「よさこい」っていうお祭りがあるんだけど、行ってみない↑

聞いて答える 2　[p. 19]　音声 21 🔊

　アルバイト先の先輩が次のようにあなたに言いました。何と答えますか。

(1) －誘いを受ける場合－

┃先輩：リーさん、実は、今度の土曜日にみんなでバーベキューをしようと思っているんだけど、どう、来られます↑

(2) －誘いを断る場合－

┃先輩：リーさん、実は、今度の土曜日にみんなでバーベキューをしようと思っているんだけど、どう、来られます↑

会話例1：－友達の好みをよく知らないが、友達を誘う－
かい　われい　　　　　ともだち　この　　　　　し　　　　　　ともだち　さそ

音声22 🔊
おんせい

> ノア：鈴木さん、金曜日の晩、何か予定ある↑
> すずき　　きんようび　ばん　なにか　よてい
>
> 鈴木：ううん、別にないけど、何↑
> すずき　　　　　　べつ　　　　　なに
>
> ノア：野球の試合の割引券、もらったんだけど、
> やきゅう　しあい　わりびきけん
>
> 鈴木：へー。
> すずき
>
> ノア：野球好きなら一緒に行かないかなと思って。
> やきゅうす　　いっしょ　い　　　　　　おも
>
> 鈴木：野球ねえ。プロ野球↑
> すずき　やきゅう　　　　やきゅう
>
> ノア：そう。ジャイアンツの試合。　　（注：ジャイアンツは野球チームの名前）
> しあい　　　　　　　　　　　　　やきゅう　　　　なまえ
>
> 鈴木：そう。国際試合なら行きたいんだけど…。
> すずき　　　こくさいじあい　　い
>
> ノア：へー、そうなんだ。プロ野球は興味ないか。
> やきゅう　きょうみ
>
> 鈴木：ごめーん。プロでもサッカーなら喜んで行くんだけど…。
> すずき　　　　　　　　　　　　　よろこ　　い
>
> ノア：そっかあ。じゃ、今度サッカーの試合、いっしょに行こうか。
> こんど　　　　しあい　　　　　　い
>
> 鈴木：うん、ぜひ。ノアさんもサッカー好き↑
> すずき　　　　　　　　　　　　　す
>
> ノア：もちろん大好きだよ。鈴木さんは、特に好きなチームとかある↑
> だいす　　　すずき　　とく　す
>
> 鈴木：特にないんで、どこのチームの試合でもいいよ↗
> すずき　とく　　　　　　　　　　　しあい
>
> ノア：わかった。じゃ、また今度。
> こんど
>
> 鈴木：うん。ごめんね。野球の試合行けなくて。じゃ、またね。
> すずき　　　　　　やきゅう　しあいい

会話例2：－アルバイト先の先輩に誘われる－
かい　われい　　　　　　　　　　さき　せんぱい　さそ

音声23 🔊
おんせい

> 林　：リーさん、今週の土曜日空いてます↑
> はやし　　　　こんしゅう　どようびあ
>
> リー：今週の土曜日ですか↑
> こんしゅう　どようび
>
> 林　：はい。
> はやし
>
> リー：あのう何か…。
> なに
>
> 林　：実は、みんなでバーベキューをしようと思っているんだけど、どう、来られます↑
> はやし　じつ　　　　　　　　　　　　　　　　　　おも　　　　　　　　　　　　　こ
>
> リー：ありがとうございます。せっかくなんですが、先約がありまして…。
> せんやく
>
> 林　：あー、そうなんですか。
> はやし
>
> リー：お誘いいただいたのに、すみません。
> さそ
>
> 林　：いえいえ、いいですよ。残念だけど、約束があるんじゃしょうがないからね。
> はやし　　　　　　　　　　ざんねん　　　　やくそく
>
> リー：すみません。
>
> 林　：じゃ、また次の機会に来てください。
> はやし　　　　つぎ　きかい　き
>
> リー：はい、ありがとうございます。

のよいコミュニケーションの会話例

ヤンさんの表現で誘えますか？　[p. 16]

学校 －先輩を映画に誘う－

ヤン：田中さん、映画行きたいですか↑

田中：えっ。

これは願望や欲求などを聞く表現で、誘う表現ではありません。目上の人に使うと失礼な印象を与えることがあります。

↓

ヤン：田中さん、よかったら一緒に映画見に行きませんか↑

田中：いいね。行きたい。

ヤン：田中さん、映画好きですか↑

田中：うん、好きだよ。

ヤン：じゃ、今週末一緒に見に行きましょうか。

田中：いいね。行こう。

ノアさんの答え方で、ヤンさんはどんな気持ちになると思いますか？　[p. 19]

ヤン：「ドリーム」っていう映画やっているんだけど、一緒に見に行かない↑

ノア：ううん、興味ないから行かない。

直接的な言い方で断ると、相手が嫌な気持ちになることがあります。相手の気持ちを考えて、断りましょう。

↓

ヤン：「ドリーム」っていう映画やっているんだけど、一緒に見に行かない↑

ノア：「ドリーム」か。他の映画なら行くんだけど。

第3課　気持ちを配慮して謝る・謝られる

スクリプト

😊💭（Q2）次の2つの会話を聞いてください。マンさんの話し方(音調)はどちらがいいと
思いますか？　[p. 25]

音声 24 🔊

👤👥 職場 (1)

マン：ご連絡が遅くなって、すみませんでした。(軽い口調)

山田：えー、ちょっと遅すぎますよ。

👤👥 職場 (2)

マン：ご連絡が遅くなって、すみませんでした。(申し訳なさそうな口調)

山田：いえ、大丈夫ですよ。

聞いて答える　[p. 26]

音声 25 🔊

待ち合わせの約束をした友達から、電話がかかってきました。何と答えますか。

友達：もしもし、鈴木さん↑　遅れてごめん。

会話例を聞く　[p. 28]

会話例1：－友達との待ち合わせ時間に間に合わないことを謝る－

音声 26 🔊

ヤン：もしもし。

鈴木：あ、ヤンさん。今、どこにいるの↑

ヤン：今、まだうちにいるんだ。

鈴木：えっ。どうしたの↑

　　　今、もうみんな来ていて、ヤンさんを待ってるんだけど。

ヤン：ごめん。実は、昨日レポートを書いてて、寝るのが朝の4時になっちゃって。

鈴木：それは大変だったねえ。

ヤン：それで、今起きたところなんだ。

鈴木：えー、そうなの。

ヤン：本当にごめん。目覚まし時計かけていたんだけど、気が付かなかったんだ。

鈴木：そうなんだ。

ヤン：悪いんだけど、みんなで先に行ってくれない↑　後から直接店に行くから。

鈴木：うん。でも行き方わかる↑

ヤン：うん。たぶんわかる。できるだけ早く行くから。

鈴木：じゃ、わからなかったら、また連絡して↗

ヤン：うん、わかった。本当にごめんって、みんなにも言っといて↗

鈴木：わかった。じゃ、後でね。

ヤン：うん。じゃ、また後で。

ノア：田中さん、今ちょっといいですか↑

田中：うん、いいけど。

ノア：あの、明日の懇親会のことなんですけど。

田中：うん、どうかした↑

ノア：急に申し訳ないんですけど、急用ができて、行けなくなってしまったんです。

田中：え、そうなんだ。何か重要なこと↑

ノア：はい。明後日インターンシップの面接を受けることになったので、その準備を
　　　しなければならないんです。

田中：それは、大変だ。

ノア：申し訳ありません。行きたかったので、残念なんですけど。

田中：そうだね。でも、面接のほうがずっと大事だから。

ノア：そうですね。それで、予約してありますよね。

田中：うん。

ノア：キャンセル料取られませんか↑

田中：前日だから、たぶんまだ大丈夫だよ。今日1人キャンセルしとくから。

ノア：すみません。よろしくお願いします。

田中：じゃ、面接、頑張ってね。

ノア：ありがとうございます。すみませんでした。

😀Q のよいコミュニケーションの会話例

😀Q1 ヤンさんの表現で申し訳ない気持ちは伝わりますか？　[p. 25]

 学校 －先輩の家で物を割った－

ヤン：すみません。このコップ、割れちゃったんです。

先輩：えっ。

⬇

自動詞ではなく他動詞を使って、
申し訳ない気持ちが伝わるように謝りましょう。

ヤン：すみません。このコップ、割っちゃったんです。

先輩：そうですか。大丈夫ですよ↗　怪我をしなかったですか↑

Q2 次の2つの会話を聞いてください。マンさんの話し方（音調）はどちらがいいと
思いますか？ [p. 25]

職場 (1)

マン：ご連絡が遅くなって、すみませんでした。
山田：えー、ちょっと遅すぎますよ。

> 音調にも気を付けて、謝りましょう。

> 軽い話し方だと気持ちが伝わりません。

職場 (2)

マン：ご連絡が遅くなって、すみませんでした。
山田：いえ、大丈夫ですよ。

> 申し訳なさそうに話すと気持ちが伝わります。

Q マンさんの言い方で、佐藤さんはどんな気持ちになると思いますか？ [p. 27]

職場

佐藤：実はマンさんに借りた漫画、ちょっと破いちゃったんです。すみません。
マン：えー、<u>なんで気を付けてくれなかったんですか。</u>
佐藤：本当にすみません。気を付けていたんですけど。
マン：<u>気を付けてたら破れないでしょ。</u>
佐藤：……。

 謝っている人の気持ちを配慮して応答しましょう。

↓

佐藤：実はマンさんに借りた漫画、ちょっと破いちゃったんです。すみません。
マン：え、そうなんですか↑
佐藤：本当にすみません。気を付けていたんですけど。
マン：んー、しょうがないですね。
佐藤：あのう。新しいのを買って返しますので。
マン：まあ、私はもう読んだので、ちょっとなら大丈夫です。

13

スクリプト

聞いて答える　[p. 32]　音声 28 🔊

　あなたは、今日インターンシップの申し込みをした会社から連絡があり、急に明日面接を受けることになりました。友達が音声のように言いました。何と答えますか。

> 友達：ヤンさん、何か心配事でもあるの↑

会話例を聞く　[p. 37]

会話例１：－先生やクラスメートに友達が欠席することを伝える－　音声 29 🔊

> －授業の始めに先生にキムからの伝言を話す－
>
> ノア：先生、キムさんから連絡があったんですけど、今日は具合が悪くて来られなくなったとのことです。
>
> 先生：そうなんですか。大したことないといいですね。
>
> ノア：風邪だと言っていたんで、そんなに長引くことはないと思いますが。キムさんも今日１日寝ていたらよくなると思うと言っていました。
>
> 先生：それならいいけど。無理しないほうがいいですね。
>
> ノア：そうですね。
>
> 先生：ところで、グループ発表の準備のほうはどう↑　進んで(い)ますか↑
>
> ノア：はい。話し合いはしているんですけど、なかなか最後がまとまらないんです。
>
> 先生：そうですか。でも、みんなで話し合う過程も大事ですからね。
>
> ノア：そうですね。大変ですけど、みんなけっこう楽しんでやっています。
>
> 先生：それは、よかったです。今日はキムさんがいないけど、大丈夫ですか↑
>
> ノア：はい。キムさんの担当の部分以外をまとめようと思っています。
>
> 先生：そう。じゃ、頑張って。
>
> ノア：はい、頑張ります。
>
>
> －クラスメートにキムからの伝言を話す－
>
> ノア：キムさんから連絡があったんだけど、今日は来られなくなったんだって。具合が悪いそうなんだけど、「みんなに迷惑かけてごめん」って言ってたよ。
>
> ヤン：そうなんだ。具合が悪いんじゃしょうがないね。
>
> ロス：そうだよね。
>
> ヤン：次の授業は来られるかな。キムさんのところが進まないからね。
>
> ノア：来週は大丈夫そうだよ。
>
> ロス：じゃ、今日はキムさんがいないけど、他の所をまとめちゃおうか。

会話例2：－電話で同僚に欠勤の事情を話し、チーフへの伝言を頼む－   音声30 🔊

> マン：もしもし、マンです。
>
> 佐藤：マンさん、おはよう。
>
> マン：朝早くからすみません。実は、今日は休ませてもらおうと思っているんです。
>
> 佐藤：えっ、どうしたんですか↑
>
> マン：あの、今朝からちょっと熱があって、ふらふらするんです。
>
> 佐藤：あー、それはよくないですね。大丈夫ですか↑
>
> マン：はい。今日1日休めばよくなると思います。
>
> 佐藤：ゆっくり休むといいですよ↗
>
> マン：ありがとうございます。それで、すみませんけど、チーフに伝言、お願いできますか↑
>
> 佐藤：あーいいですよ↗
>
> マン：「作成した資料は、今朝メールに添付してお送りしました」と伝えてもらえますか↑
>
> 佐藤：はい。資料は、今日メールで送ったことを伝えればいいですね↗
>
> マン：はい。メールはしたんですけど、念のため、お願いします。
>
> 佐藤：了解。じゃ、お大事に。
>
> マン：ありがとうございます。失礼します。

Q のよいコミュニケーションの会話例

Q マンさんの伝言の頼み方は正しいですか？ [p. 34]

| マン：悪いんですけど、明日休むこと、山田さんに<u>伝えてもいいでしょうか。</u>
| 佐藤：えっ↑

 この表現では、伝えるのは話し手です。
正しい表現で頼みましょう。

⬇

| マン：悪いんですけど、明日休むこと、山田さんに<u>伝えてもらえますか↑</u>
| 佐藤：はい、わかりました。伝えておきますね。

15

第5課　わかりやすく料理の説明をする・求める

スクリプト

聞いて答える　[p.40]　　　　　　　　　　　　　　　音声 31 🔊

　今あなたは、友達とレストランに来て、メニューを見ています。友達が音声のように話しかけます。答えてください。

(1) －まだ決めていない場合－

| 店員：まず、お飲み物のご注文を伺います。
| 友達：えーと、何にする↑

(2) －もう決めている場合－

| 店員：まず、お飲み物のご注文を伺います。
| 友達：えーと、何にする↑

会話例を聞く　[p. 46]

会話例1：－居酒屋で店員に説明を求める－　　　　　　音声 32 🔊

　　　－テーブルについて－

店員：いらっしゃいませ。こちらがメニューです。

ノア：はい。

店員：まずお飲み物のご注文を伺います。

ヤン：えーと。もう、決まってる↑

ノア：んー、取りあえず、ビールにする。

ヤン：じゃ、わたしも。

ノア：すみません、ビールは何がありますか↑

店員：サッポロ、キリン、アサヒ、サントリーですね。

ヤン：じゃ、サッポロにしようか。

ノア：うん、そうしよう。じゃ、取りあえず、サッポロの生、2つお願いします。

店員：はい。かしこまりました。

　　　－店員、去る－

ノア：さあ、何、食べよっか。

ヤン：何にしようかな。

ノア：ネットの口コミで、ここは何でもおいしいって書いてあったから、いろいろ頼んでみよう。

ヤン：うん、そうだね。（－メニューを見ながら－）

　　　この「かつおのたたき」って何だろう。

ノア：さあ。何だろうね。

－店員がビールを持ってくる－

店員：ビールをお持ちしました。ご注文はお決まりでしょうか。

ヤン：この「かつおのたたき」ってどんなものですか↑

店員：あー、それはかつおのお刺身のようなものなんですが、周りが火であぶってあって、

ヤン：ふーん

店員：しょうがやねぎといっしょに、ポン酢で召し上がっていただくものなんです。

ノア：へー、そうなんですか。ポン酢は、どんな味ですか↑

店員：ライムのような橙の果汁としょう油、砂糖で作ったものなので、ちょっと甘くて酸っぱいです。

ヤン：おいしそうだね。

ノア：そうだね。じゃ、たたき食べてみよう。

ヤン：うん。じゃ、かつおのたたき、お願いします。

⋮

会話例2：－先輩に日本の食べ物について説明を求める－　　　　音声33 🔊

山田：マンさん、12月15日の金曜日に忘年会をすることになったんですけど、都合はどうですか↑

マン：15日の金曜日ですか。今のところ何も予定がないので、大丈夫です。

山田：よかった。じゃ、マンさんは出席ですね。

マン：早いもので、もう1年が終わってしまいますね。

山田：ほんと早いですよね。

マン：そういえば、日本ではお正月に何を食べるんですか↑

山田：お正月ねえ。お雑煮とお節料理かな。でも、最近は食べる人が減ってきているかもしれない。特に若い人は。

マン：あーそうなんですか。どうしてなんですか↑

山田：煮物や酢の物といった和食なので、たぶん若い人の好みじゃないんでしょうね。

マン：あー、確かにラーメンとか、カレーとか、ピザが人気ありますからね。

山田：そうそう。

マン：ところで、お雑煮っていうのは、何ですか↑

山田：お餅が入っているスープみたいなもので、他に野菜とか鶏肉とかも入ってるんです。

マン：そうなんですか。おいしそうですね。

山田：おいしいですよ↗　お雑煮は、その土地で取れるものを入れたりするんで、何を入れるかは場所によって違うんです。

マン：それはいいですね。

山田：それに、お餅の形も関西は丸で、関東は四角ですし、スープの味も違うみたい。関東は、あっさりした塩味です。

マン：へー、おもしろいですね。いろんなところのお雑煮を食べてみたいです。

山田：ぜひ食べ比べてみてください。

⋮

Q のよいコミュニケーションの会話例

 Q ヤンさんのコミュニケーションの仕方はどうですか？ [p. 43]

ヤン：この「かつおのたたき」って何ですか↑

店員：それは、かつおのお刺身と似た物なんですが、周りをちょっと焼いてあるんです。

ヤン：どうやって食べるんですか↑

店員：しその葉やねぎ、しょうがなどの薬味といっしょにポン酢で食べます。

ヤン：どんな味なんですか↑

 これでは、理解しているかどうかがわかりません。理解したことを伝えながら聞くと、よいコミュニケーションになります。

ヤン：この「かつおのたたき」って何ですか↑

店員：それは、かつおのお刺身と似た物なんですが、周りをちょっと焼いてあるんです。

ヤン：そうなんですか。(お)刺身と同じように食べるんですか↑

店員：いいえ。少し違って、しその葉やねぎ、しょうがなどの薬味といっしょにポン酢で
　　　食べます。

ヤン：へー、ポン酢はどんな味なんですか↑

第6課　気持ちを配慮して頼む・頼まれる

スクリプト

会話例を聞く　[p. 56]

会話例1：－友達に昼ご飯を買って来てくれるように頼む－　　音声 34

鈴木：ノアさん、今からお昼ご飯を食べに行く↗

ノア：うん、行くよ↗　一緒に行こう。

鈴木：行きたいけど、今日は無理なんだ。それで、おにぎりでも買って来てくれる↗

ノア：いいよ↗　どうしたの↗

鈴木：午後の発表の準備が終わってないので、食べに行く時間がないんだ。

ノア：そうなんだ。大変だね。で、おにぎりは何個いる↗

鈴木：2個にしようかな。鮭と昆布、お願い。

ノア：わかった。おにぎりだけでいいの↗　サラダとかはいい↗

鈴木：うん、大丈夫。今日は時間がないんで、おにぎりしか食べられないから。

ノア：了解。コンビニのおにぎりでいいんだよね。

鈴木：うん、もちろん。

ノア：どこでもいい↗

鈴木：いいよ↗　特にこだわりないから。

ノア：わかった。それから、12時40分くらいになっちゃうけど、いいかな。

鈴木：大丈夫。助かる。あ、お金、渡さないと。

ノア：お金は、後でいいよ。

鈴木：ありがとう。じゃ、よろしくね↗

ノア：うん。行ってくる。じゃ、頑張ってね。

会話例2：－先輩に日本語で書いた報告書のチェックを頼む－　　音声 35

マン：山田さん、今、ちょっとよろしいですか↗

山田：ええ、何ですか↗

マン：お忙しいところすみませんが、お願いしたいことがあるんですが…。

山田：え、どんなことですか↗

マン：日本語で報告書を書いたんですけど、初めて書いたんで自信がなくて、

山田：あー、慣れていないと大変ですよね。

マン：そうなんです。それで、あのう、お時間がある時でかまいませんので、書いたもの
　　　をチェックしていただけませんか↗

山田：んー、今ちょっと忙しくて、すぐにはできないんですけど、いつまでに提出するん
　　　ですか↗

マン：来週の月曜日なんです。

山田：あー、月曜日ですか。

マン：はい。提出は月曜日なんですが、できましたら、今週の土曜日ごろまでにチェック
　　　していただけると、ありがたいんですが…。

山田：あー、土曜日までね。何ページぐらいありますか↑

マン：A4で3ページぐらいです。

山田：3ページですか。ま、それなら、大丈夫ですよ↗

マン：本当ですか。ありがとうございます。助かります。

山田：いえいえ。私もマンさんに何か頼むことがありますから。
　　　じゃ、明日ぐらいまでにファイルを送ってください。

マン：はい。わかりました。じゃ、よろしくお願いいたします。

 のよいコミュニケーションの会話例

 Q1 ノアさんの頼む表現は正しいですか？　　[p. 51]

ノア：100円足りないんだけど、<u>貸してもいい↑</u>

鈴木：えっ。

この表現では、貸すのは話し手です。正しい表現で頼みましょう。
★「貸す／借りる」は間違えやすいので、注意しましょう。

↓

ノア：100円足りないんだけど、<u>借りてもいい↑／貸してくれる↑</u>

鈴木：うん、いいよ↗

 Q2 ノアさんの言い方で鈴木さんはどんな気持ちになると思いますか？　　[p. 51]

ノア：鈴木さん、鉛筆忘れちゃった<u>んだから</u>、授業中借りてもいい↑

鈴木：うん、別にいいけど。

「～んだから」はとても強い表現です。
頼む時に使うと失礼な印象を与えることがあります。

↓

ノア：鈴木さん、鉛筆忘れちゃった<u>んだけど</u>、授業中借りてもいい↑

鈴木：うん、何本かあるからいいよ↗

スクリプト

聞いて答える　[p. 60]　音声36 🔊

朝、友達に会った時、友達が音声のように言いました。何と答えますか。

友達　：あ、おはよう。

あなた：おはよう。

友達　：やっと晴れたね。

会話例を聞く　[p. 65]

会話例1：－朝、友達に会って、歩きながら話す－　音声37 🔊

ノア：あ、おはよう。

鈴木：おはよう。

ノア：やっと晴れたね。

鈴木：うん。やっぱり気持ちがいいよね。ずっと天気悪かったから。

ノア：そうだね。久しぶりに傘持たずに来たよ。

鈴木：傘持ってくるの、面倒くさいもんね。

ノア：そうそう。すぐ置き忘れちゃうし。

鈴木：そうだよね。私なんか何本買ったかわからないぐらい傘買ってる。

ノア：わかるわかる。あの透明なビニール傘でしょ。

鈴木：そう。置き忘れちゃったら買うでしょ↑

ノア：うんうん。

鈴木：それに、急に雨が降ってきたら買うでしょ↑

ノア：そうだね。

鈴木：それから友達が来て、うちに忘れて行くでしょ↑

ノア：そういうこともあるよね。

鈴木：で、知らないうちに増えているんだよね。

ノア：そうなんだ。でもさ、なくさないから偉いじゃない。ぼくは買っても、すぐ忘れて　　　なくしちゃうんだよね。

鈴木：いや、私もなくしてるよ。風が強いと、すぐ折れるし。

ノア：やっぱりそうだよね。でも、傘を使い捨てにするのは、ちょっともったいないよね。

鈴木：ほんとにそうだね。

　　　　　　　⋮

ノア：あー、今日も一日頑張ろう。

鈴木：うん、頑張ろう。じゃ、またね。

ノア：じゃね。

全員：乾杯！

　　　⋮

マン：今日の料理、いろいろあっておいしそうですね。

山田：そうですね。どれから食べたらいいか迷っちゃいますね。

マン：私はこれから食べよう。これ、取りましょうか。

山田：あ、すみません。ありがとうございます。

　　　マンさんは、食べ物に好き嫌いはないんですか↑

マン：いえ、別にないですね。けっこう何でも食べます。

山田：そうですか。よく聞かれるかもしれませんけど、納豆とかも大丈夫ですか↑

マン：ええ、好きというわけではないんですけど、食べられます。

　　　安くて栄養があるんで、時々食べるんです。

山田：へー、そうなんですか。匂いとか大丈夫ですか↑

マン：ええ、大丈夫です。私の友達にもけっこう食べられる人がいますよ↗

山田：ほんとうですか。日本の食生活にも慣れているんですねえ。

マン：山田さんは、もちろん好きですよね↗

山田：実は、ぼく苦手なんです。岡山出身なんですけど、関西より西の方ってあんまり

　　　納豆を食べる習慣、ないんですよ。

マン：へー、そうなんですか。

　　　私は、日本人はみんな納豆が好きなのかと思ってました。

山田：そうでもないんですよ。

マン：食べ物の好みは、確かに人それぞれ違いますよね。

　　　で、山田さんは、他にも嫌いなものがあるんですか↑

山田：恥ずかしいですけど、けっこう好き嫌いがあるんですよ。

マン：そうなんですか。例えば、どんなものですか↑

　　　⋮

のよいコミュニケーションの会話例

 Q1 ヤンさんの応答で会話が続きますか？ [p. 62]

ノア：あ、おはよう。

ヤン：おはよう。

ノア：朝からすごくいい天気だね。

ヤン：うん。

⬇

> 応答した後、情報追加などをすると、会話が続けられ、よいコミュニケーションになります。

ノア：あ、おはよう。

ヤン：おはよう。

ノア：朝からすごくいい天気だね。

ヤン：そうだね。こんないい天気なら、どこか遊びに行きたいよね。

 Q2 ロスさんの話し方はどうですか。鈴木さんはどんな気持ちだと思いますか？ [p. 62]

ロス：あ、ビール、頼みましょうか↑

鈴木：お酒は飲まないんで…。

ロス：なんでお酒を飲まれないんですか↑

鈴木：…。

⬇

> 「なんで」と言うと、責めているように聞こえます。

ロス：あ、ビール頼みましょうか↑

鈴木：お酒は飲まないんで…。

ロス：あー、お酒を飲まれないんですか。

鈴木：ええ、すぐ赤くなるんで、外では飲まないことにしているんです。

 Q ヤンさんの応答で会話が続きますか？ [p. 64]

田中：あれ、今日はスーツにネクタイ↑

ヤン：ええ、そうなんです。

⬇

> 応答した後、情報追加などをすると、会話が続けられ、よいコミュニケーションになります。

田中：あれ、今日はスーツにネクタイ↑

ヤン：ええ、そうなんです。オンラインで面接を受けるんです。

スクリプト

聞いて答える　[p. 70]
きき こた

音声 39
おんせい

先生や上司に音声のように言われました。何と答えますか。
せんせい じょうし おんせい い なん こた

> 先生：ノアさん、今ちょっといいですか↑
> せんせい 　いま

会話例を聞く　[p. 76]
かいわれい き

会話例1：－先生に約束の時間の変更を頼む－
かい わ れい せんせい やくそく じかん へんこう たの

音声 40
おんせい

ノア：先生。今、ちょっとよろしいでしょうか。
　　　せんせい いま

先生：ええ、何ですか↑
せんせい 　なん

ノア：来週の月曜日の約束のことで、お願いしたいことがあるんですが…。
　　　らいしゅう げつようび やくそく ねが

先生：あー、3時の約束のことですね。
せんせい 　じ やくそく

ノア：はい。あの、申し訳ないのですが、他の日に変えていただくことはできますでしょ
　　　もう わけ ほか ひ か
　　　うか。

先生：それは困りましたね。どうしたんですか↑
せんせい こま

ノア：あのう、実は、インターンシップの申し込みをした会社から連絡がありまして、
　　　じつ もう こ かいしゃ れんらく
　　　月曜日の2時からオンライン面接を受けることになったんです。
　　　げつようび じ めんせつ う

先生：そうなんですか。それは大事なことですね。
せんせい 　だいじ

ノア：はい。先生がお忙しいことは存じておりますが、先生のご都合のよろしい時に、
　　　せんせい いそが ぞん せんせい つごう とき
　　　変えていただけるとありがたいのですが…。
　　　か

先生：そうですか。私は、来週は月曜日以外、空いていないんですけど…。
せんせい 　わたし らいしゅう げつようび いがい あ
　　　面接は何時ごろに終わりますか↑
　　　めんせつ なんじ お

ノア：すみません。私もはっきりわからないんですが…。
　　　わたし

先生：そうですよね。面接は、2時間もかかりませんよね。
せんせい 　めんせつ じかん

ノア：はい、かからないと思います。
　　　おも

先生：じゃ、5時から、というのはどうですか↑
せんせい 　じ

ノア：はい、お願いします。ありがとうございます。
　　　ねが

先生：いいえ。面接、頑張ってくださいね↗
せんせい 　めんせつ がんば

ノア：ありがとうございます。
　　　それでは、月曜日の5時に参ります。よろしくお願いいたします。
　　　げつようび じ まい ねが

先生：はい。じゃ、また月曜日に。
せんせい 　げつようび

ノア：失礼いたします。
　　　しつれい

マン：高橋さん、今よろしいでしょうか。

高橋：うん、何↑

マン：あのう、先日の企画会議の報告書のことなんですが…。

高橋：あー、対応ありがとうね。もう完成したかな↑

マン：はい。高橋さんにアドバイスをいただきましたので、それに注意して書いてみました。

　　　今メールに添付してお送りしたのですが、内容をご確認いただけますでしょうか。

高橋：了解。今は、ちょっと忙しいんで、明日になるけど、いいかな。

マン：はい。お忙しいところお手数をおかけいたします。

　　　恐れ入りますが、明日の午前中までにご確認いただけますと助かります。

高橋：わかった。じゃ、明日の11時までに連絡するようにするね。

マン：ありがとうございます。よろしくお願いいたします。

　　　ご指摘点はすぐに確認し対応いたしますので、よろしくお願いいたします。

高橋：了解。じゃ、明日、連絡するね。

マン：はい。失礼いたします。

のよいコミュニケーションの会話例

Q1 マンさんの答え方の丁寧さは適切ですか？ ［p. 71］

上司：マンさん、今ちょっといいですか↑

マン：はい、いいですよ↗

この応答は目上の人に失礼になります。
もっと丁寧に答えましょう。

上司：マンさん、今ちょっといいですか↑

マン：はい、かまいませんが。

Q2 マンさんの答え方の丁寧さは適切ですか？ ［p. 71］

上司：マンさん、今度の会議では新しいプロジェクトのプレゼン、頼むよ。

マン：はい、了解です。

「了解です」を目上の人に使うと、失礼に
なります。もっと丁寧に答えましょう。

上司：マンさん、今度の会議では新しいプロジェクトのプレゼン、頼むよ。

マン：はい、承知いたしました。

第9課　意向を配慮してアドバイスをする・求める

スクリプト

会話例を聞く　[p. 86]

会話例1：－懇親会のことで先輩に相談する－　　　　　　　音声42 🔊

ヤン：先輩、今いいでしょうか。

先輩：うん、何↑

ヤン：今度の懇親会のことで、お聞きしたいんですけど。

先輩：うん、いいよ↗　場所は、もう決まったの↑

ヤン：今考えているんですけど、どんなところにしたらいいですか↑

先輩：飲み放題がついてるところがいいんじゃないかな。

ヤン：そうですね。私は駅前の「むさし」がいいかなと思ったんですけど。

先輩：「むさし」ね。いいところだけど、高いから別のとこがいいかも。

ヤン：そうですか。学生にとっては安いほうがいいですね。

先輩：そうだよね。

ヤン：どこかおすすめがありますか↑

先輩：そうねえ。最近できた「うさぎ屋」とかどう↑

ヤン：「うさぎ屋」ですか↑

先輩：うん。先月郵便局のそばにできたんだけど、知らない↑

ヤン：はい。

先輩：友達が行ったみたいなんだけど、飲み放題がついてて3000円で。

ヤン：3000円ですか。

先輩：食べ物もわりとおいしいみたいだし。

ヤン：へー、それはいいですね。

先輩：でも、できたばっかりでけっこう混んでるみたいだから。

ヤン：そうですよね。

先輩：まず聞いてみたほうがいいんじゃないかな。

ヤン：はい、聞いてみます。

先輩：ネットでも調べてみて。雰囲気がわかると思うから。それに、クーポンがあるかも
　　　しれないし。

ヤン：あー、そうですね。見てみます。

先輩：うん、じゃよろしくね↗

ヤン：はい。決まったら連絡します。ありがとうございました。

会話例2：－意向を聞いて後輩にアドバイスをする－　　　　　音声43 🔊

－昼休みに－

マン：山田さん、お聞きしたいことがあるんですが、今よろしいですか↑

山田：うん、いいよ。何↑

マン：山田さん、北海道に住んでいたことがあるとおっしゃっていましたよね↗

山田：うん、あるよ。

マン：来年北海道に行きたいと思ってるんですが…。

山田：そう。いいところだよ。

マン：そうですよね。でも、北海道は広いので、どこに行ったらいいかわからないものですから、どこかお勧めの場所を教えていただきたいんですが…。

山田：あ、そう。いつ頃行くの↗

マン：まだ決めていないんですが、「お正月休みかお盆休みに」と思っているんです。

山田：そっか。知ってると思うけど、冬はけっこう雪が多いから、ニセコとかで冬のスポーツを楽しむとか、有名な旭山動物園で、冬ならではのイベントを楽しむとかかな。

マン：へー、楽しそうですね。冬のスポーツというと、スキーやスノボですよね。

山田：そうそう。パウダースノーだから気持ちがいいよ。マンさんはやったことある↗

マン：いえ。雪が降らないところで育ったので、したことがないんです。

山田：それなら、是非やってみて。マンさんなら、きっとすぐ滑れるようになるよ。

マン：そうですか。じゃ、初スキーに挑戦してみます。
　　　それで、旭山動物園の冬のイベントは、どんなものですか↗

山田：なんか、ペンギンの散歩とかがあるみたいだね。実は、ぼくも行ったことがないんだけど。

マン：あー、可愛いでしょうね。

山田：あ、それから、もし興味があれば、白老というところにあるアイヌ博物館に行ってみるのもいいかも。

マン：アイヌですか↗

山田：うん。アイヌは日本の先住民族なんだけど、博物館はアイヌの文化や歴史を伝えて、継承、発展させることを目的として作られたみたいなんだ。

マン：あー、アイヌですね。アイヌという言葉ぐらいしか知らないので、是非行ってみたいです。

山田：白老は札幌から1時間ぐらいだし、雪が少ないところだから、行きやすいと思う。

マン：それはいいですね。今度のお正月休みに絶対に行きます。

山田：うん、楽しんでね。でも、すごく寒いし、道が滑りやすいから気を付けて。

マン：はい。いろいろな情報を、ありがとうございました。では、失礼します。

のよいコミュニケーションの会話例

Q1 アドバイスを求める時、マンさんの表現は適切ですか？ [p.82]

マン：山田さん、ちょっと質問があるんですが…。

山田：えっ、どんな質問↗

↓

マン：山田さん、ちょっとお聞きしたいことがあるんですが…。

山田：うん、何↗

「質問がある」は、授業や説明会などで使いますが、アドバイスを求める時はあまり使いません。

Q2 ノアさんのアドバイスを求める表現は正しいですか？ [p. 82]

ノア：紅葉の季節に京都に行こうと思っているんだけど、<u>どこに行ったほうがいいかな。</u>

鈴木：そうだねえ…。紅葉を見るなら、嵐山とか上賀茂神社とかがいいと思う。

「どこ」という疑問詞と
「〜たほうがいい」を一緒に
使うのは正しくないです。
正しい表現を使いましょう。

↓

ノア：紅葉の季節に京都に行こうと思っているんだけど、<u>どこに行ったらいいかな。</u>

鈴木：そうだねえ…。紅葉を見るなら、嵐山とか上賀茂神社とかがいいと思う。

スクリプト

聞いて答える　[p. 88]
きいて こた

音声44 🔊
おんせい

友達と和菓子屋に来て、商品を見ている時の会話です。友達の最後の言葉に対して何と答えま
ともだち わがしや き しょうひん み とき かいわ ともだち さいご ことば たい なん こた
すか。

> 店員　：いらっしゃいませ。何になさいますか↑
> てんいん　　　　　　　　　　　　　　　　なに
> 友達　：すみません。もう少し待ってください。
> ともだち　　　　　　　　　　　　　　すこ ま
> あなた：いろいろあって、迷っちゃうね。
> 　　　　　　　　　　　　　まよ
> 友達　：そうだね。あ、この「柏餅」って何だろう。
> ともだち　　　　　　　　　　　　かしわもち　　　なん

会話例を聞く　[p. 93]
かいわれい き

音声45 🔊
おんせい

会話例1：－和菓子屋で友達と、店員に聞く－
かいわれい わがしや ともだち てんいん き

> 　－店に入って－
> 　　みせ はい
> 店員：いらっしゃいませ。何になさいますか↑
> てんいん　　　　　　　　　　なに
> ヤン：すみません。もう少し待ってください。
> 　　　　　　　　　　すこ ま
> ノア：いろいろあって迷っちゃうね。
> 　　　　　　　　　まよ
> ヤン：そうだね。あ、この柏餅って何だろう。
> 　　　　　　　　　　かしわもち なん
> ノア：さあ、何だろうね。中はお餅みたいだけどね。
> 　　　　なん　　　　　なか もち
> 　　　すみません。柏餅の葉っぱの中はお餅ですか↑
> 　　　　　　　　かしわもち は なか もち
> 店員：はい、そうです。お餅の中にあんこが入っています。あんこは、こしあんと粒あん、
> てんいん　　　　　　　　もち なか はい つぶ
> 　　　味噌あんがあります。
> 　　　みそ
> ノア：そうなんですか。大福と似ていますね。
> 　　　　　　　　　　だいふく に
> 店員：そうですね。でも柏の葉に包まれているので、いい香りがしますよ↗
> てんいん　　　　　　　かしわ は つつ　　　　　　　　　　かお
> ヤン：へー、おいしそうですね。この葉っぱは、本物ですか↑
> 　　　　　　　　　　　　　　　は ほんもの
> 店員：はい。柏という木の葉を使っているんですけど、抗菌作用があるそうです。
> てんいん　　かしわ　　き は つか　　　　　　　　こうきんさよう
> ヤン：あーそうなんですか。食べられますか↑
> 　　　　　　　　　　　た
> 店員：いえ、硬いので、皆さん召し上がりませんね。
> てんいん　　かた　　　みな め あ
> ヤン：そうですか。
> ノア：以前この店に来た時には、柏餅はありませんでしたが…。
> 　　　いぜん みせ き とき かしわもち
> 店員：そうですか。柏餅は5月5日の子どもの日に食べるお菓子なんです。それで、4月から
> てんいん　　　　　かしわもち がついつか こ ひ た かし がつ
> 　　　5月ごろの期間しか扱っていないんです。
> 　　　がつ きかん あつか
> ノア：そうなんですか。じゃ、この時期にしか買えないんですね。
> 　　　　　　　　　　　　　　じき か
> 店員：はい。
> てんいん
> ヤン：あのう、どうして子どもの日に柏餅を食べるんですか↑
> 　　　　　　　　　　　　　　　かしわもち た
> 店員：柏の木は、春に新芽が出るまで葉が落ちないそうで、「家系が途切れないように」と
> てんいん かしわ き はる しんめ で は お かけい とぎ
> 　　　いう意味を込めて食べるようになったと言われているんです。
> 　　　　　いみ こ た い
> ヤン：へー、そういう意味があるんですね。
> 　　　　　　　　　　いみ
> ノア：お菓子にも深い意味があって、おもしろいですね。
> 　　　かし ふか いみ

ヤン：あ、すみません。いろいろお聞きしてしまって。

店員：いえいえ。

ヤン：じゃ、柏餅にしようか。ノアさん、どのあんがいい↑

ノア：ぼくは、こしあんがいい。

ヤン：私は粒あん。味噌あんは食べたことがないから、食べてみようか。

　　　じゃ、こしあんと粒あんを２つずつ、それから味噌あんも１つ、お願いします。

店員：かしこまりました。全部で５つですね。

　　　　　⋮

会話例２：－職場の先輩と自分の国や地域の行事について話す－　　音声46 🔊

山田：ソンさん、今年も残り僅かだね。

ソン：そうですね。仕事に慣れるように必死でしたので、あっという間でした。

山田：そっか。１年目はみんなそうだね。

　　　ところで、もうすぐお正月休みだけど、何か予定あるの↑

ソン：久しぶりに国に帰ろうと思っています。

山田：それはいいね。ご家族も喜ばれるでしょう。

ソン：ええ、喜ぶと思います。

山田：ソンさんの国では大晦日に何か特別なものを食べるの↑

ソン：えっ、大晦日って何ですか↑

山田：あー、１年の一番最後の日のこと。おおみそかって言うんだよ。

ソン：へー、おおみそかって言うんですか。

山田：うん。昔は月末のことを三十日って言ってたみたいで、１年の終わりだから、「大きい」という字をつけて大晦日って言うようだよ。

ソン：あ、そうなんですか。大晦日という言い方だけ残ったんですね。

山田：そうみたいね。

ソン：日本では、大晦日におそばを食べますよね。

山田：そうそう。長生きできるように、ってことでね。

ソン：そうだそうですね。中国では陰暦のお正月なんですが、「年夜飯」という、縁起のいい料理を食べます。

山田：ニェンイェファン↑

ソン：ええ。年の夜のご飯って書くんで、日本語なら「ねんよはん」って読むんでしょうか。

山田：そうなんだ。漢字だとわかりやすい。

ソン：鶏肉や魚の料理が中心なんですけど、中国語で鶏肉は「大吉」の吉と同じ音で、魚は「余暇」の「余」と同じ音なので、鶏肉や魚を食べるんです。

山田：そうなんだ。やっぱり縁起のいい食べ物を食べるんだね。

ソン：日本でもそうですか↑

山田：そうだね。日本では元日、あ、１月１日のことね、元日にお節料理を食べるんだけど、子孫が繁栄するように数の子を食べたり、腰が曲がるまで元気で生きられるように海老を食べたりするんだ。

ソン：そうなんですか。きっとどこの国でも縁起のいいものや幸運を祈るものなどがあるんでしょうね。

　　　　　⋮

のよいコミュニケーションの会話例

Q マンさんの応答で、理解したことが山田さんに伝わりますか？　[p. 90]

マン：山田さん、友達の結婚式に招待されたんですけど、日本ではお祝いはどのようにしているんですか↑

山田：のし袋にお金を入れて、結婚式当日に受付で渡すことが多いかな。

マン：そうですか。

山田：お金は、4万円とかの4という数字は縁起が悪いから、避けたほうがいいよ。

マン：そうですか。

山田：それから、お札は折り目がついたものじゃなくて、
新札かピン札がいいからね。

マン：そうですか。

わからないことは質問や確認をして、
わかった時は理解したことを示すと、
よいコミュニケーションになります。

マン：山田さん、友達の結婚式に招待されたんですけど、日本ではお祝いはどのようにしているんですか↑

山田：のし袋にお金を入れて、結婚式当日に受付で渡すことが多いかな。

マン：そうですか。のし袋は特別な袋ですか↑

山田：そう。文房具屋とかにあるから、店の人に聞くといいよ。お金は4万円とかの4という数字は縁起が悪いから避けたほうがいいよ。

マン：あー、そうなんですか。

山田：それから、お札は折り目がついたものじゃなくて、新札かピン札がいいからね。

マン：え、ピン札って何ですか↑

Q 鈴木さんは、ノアさんが理解しているかを見ながら話していると思いますか？　[p. 92]

鈴木：子どもの日は、もともと男の子の成長を祝う日だから、外にはこいのぼりを飾って、
家の中には鎧やかぶとを飾るんだよ。戦いの時に使う物だから、強そうな感じでしょ。
特別な料理はないけど、柏餅を食べるかな。

ノア：？？？

1度にたくさんのことを話すと、
相手にはわかりにくいです。
相手の反応を見ながら少しずつ
話しましょう。

鈴木：子どもの日は、もともと男の子の成長を祝う日だから、外にはこいのぼりを飾って、
家の中には鎧やかぶとを飾るんだよ。

ノア：あー、男の子のお祝いの日だったんだ。それで、鎧やかぶとって何↑

鈴木：昔の戦いの時に使った物なんだけど、映画とかで見たことない↑　鎧は、刀で切られないように体を守るもので、かぶとは頭にかぶるもの。

ノア：見たことある。名古屋城に行った時に見たよ。重そうだよね。

鈴木：そうだね。でも、強そうな感じでしょ。

ノア：確かに。

鈴木：それから、特別な食べ物はないけど、柏餅を食べるかな。

ノア：そうなんだ。

スクリプト

聞いて答える　[p. 96]　　　音声 47 🔊
（き）（こた）　　　　　　　　　　（おんせい）

旅行に行く約束をした友達が音声のように言いました。何と答えますか。
（りょこう）（い）（やくそく）（ともだち）（おんせい）（い）（なん）（こた）

(1)－特に何も考えていない場合－
（とく）（なに）（かんが）（ばあい）

> 友達：鈴木さん、旅行のことだけど、泊まるとことかどうする↑
> （ともだち）（すずき）（りょこう）（と）

(2)－何かアイデアがある場合－
（なに）（ばあい）

> 友達：鈴木さん、旅行のことだけど、泊まるとことかどうする↑
> （ともだち）（すずき）（りょこう）（と）

会話例を聞く　[p. 102]
（かいわれい）（き）

会話例 1：－友達と 3 人で旅行のことについて話し合う－　　　音声 48 🔊
（かいわれい）（ともだち）（にん）（りょこう）（はな）（あ）　　　　　　　　（おんせい）

> ノア：ヤンさん、鈴木さん、東京旅行のことだけど、泊まるとことかどうする↑
> 　　　　　　　（すずき）（とうきょうりょこう）（と）
>
> ヤン：あ、そうだね。そろそろ決めないと。
> 　　　　　　　　　　　　　　（き）
>
> ノア：うん。けっこう混んでる時期だから、早めに予約しておいたほうがよくない↑
> 　　　　　　（こ）（じき）（はや）（よやく）
>
> 鈴木：そうだね。いっぱいになっちゃったら大変だし。
> （すずき）　　　　　　　　　　　　　　　（たいへん）
>
> ヤン：じゃ、泊まるとこ決めちゃおっか。
> 　　　（と）　（き）
>
> ノア：うん。日程はこの前言ってたとおり、20 日から 3 泊 4 日でいいよね。
> 　　　（にってい）（まえい）（はつか）（ぱく）（か）
>
> 鈴木：うん。初日は浅草と秋葉原に行くでしょ↑
> （すずき）（しょにち）（あさくさ）（あきはばら）（い）
>
> ヤン：うん。夜はその辺で泊まる↑
> 　　　（よる）（へん）（と）
>
> ノア：いいよ↗　で、2 日目はディズニーランドだから、その近くにするっていうのはどう↑
> 　　　　　　　（ふつかめ）（ちか）
> 　　　1 日中遊んで疲れるだろうから、すぐ休めるのもいいかなと思って。
> 　　　（にちじゅうあそ）（つか）（やす）（おも）
>
> 鈴木：それもそうだね。
> （すずき）
>
> ヤン：私も賛成。2 日目はその辺に泊まることにする、と。
> 　　　（わたし）（さんせい）（ふつかめ）（へん）（と）
>
> ノア：ちょっと待って。今調べてみる。
> 　　　　　　（ま）（いましら）
> 　　　あ、このホテルなら、そんなに高くないし温泉もあるよ↗
> 　　　　　　　　　　　　　　　（たか）（おんせん）
>
> 鈴木：お、最高。じゃ決まりね。3 日目は、えーと、渋谷とお台場行くんだよね。
> （すずき）（さいこう）（き）（みっかめ）（しぶや）（だいば）（い）
>
> ノア：うん。
>
> 鈴木：ホテルはどうする↑
> （すずき）
>
> ヤン：どうしよっか。
>
> ノア：帰りの飛行機が朝早いから、羽田に行っておいたほうがいいんじゃないかな。
> 　　　（かえ）（ひこうき）（あさはや）（はねだ）（い）
>
> 鈴木：それもいいけど、お台場は、けっこう空港に近そうだよ。
> （すずき）　　　　　　　　　（だいば）（くうこう）（ちか）
>
> ノア：そっか。それなら大丈夫か。じゃ、お台場にしよう。
> 　　　　　　　　　（だいじょうぶ）（だいば）
>
> ヤン：うん、そうしよう。
>
> ノア：じゃ、おれネットで調べて予約しとくね。
> 　　　　　　　　　　　（しら）（よやく）
>
> 鈴木：うん、よろしく。
> （すずき）
>
> ヤン：安くていいところ、よろしくね。
> 　　　（やす）
>
> ノア：うん、わかった。じゃ、また連絡するね。
> 　　　　　　　　　　　　　　（れんらく）

マン：佐藤さん、今ちょっといいですか↑

佐藤：はい。いいですよ↗

マン：来週のプレゼンのことなんですけど、どうしましょうか。

佐藤：そうですね。私も、話さなきゃ話さなきゃと思っていたんですよ。

マン：今、時間、取れますか↑

佐藤：大丈夫ですよ↗　相談しましょう。

マン：プレゼンは、大きく分けると、現状の分析と新企画の提案、目標ですよね。

佐藤：そうですね。30分しかないので、要点をまとめて、しっかりアピールしなければならないですね。

マン：ええ。じゃ、先日の調査の結果は、数字を表にしましょうか。

佐藤：表もいいですけど、グラフにしたら一目で変化がわかるんじゃないでしょうか。

マン：確かにそうですね。じゃ、グラフにしましょう。

佐藤：今回の企画が以前のものより大きく進化していることが、視覚的にわかると短時間でアピールできますよね。

マン：そうですね。視覚的にと言ったら、短い動画を入れるのは、どうですか↑

佐藤：あー、いいですね。でも、どんな動画にするかが問題ですよ。だらだら流れてしまうだけ、ということもあり得ますからね。

マン：そうですよね。じゃ、まず動画の部分を考えて、サンプル作ってみます。

佐藤：ありがとう。よろしくお願いします。じゃ、私は調査の結果の部分の分析とグラフを作ってみますね。

マン：はい。お願いします。じゃ、できたら添付でファイルを送ります。

佐藤：私のほうも、できたら送りますね。じゃ、また。

 のよいコミュニケーションの会話例

 キムさんの話し合いの始め方は、わかりやすいですか？　[p. 98]

－キムがノアに会って、すぐに話す－

キム：ノアさん、ヤンさんの誕生日パーティー、どこでする↑

ノア：えっ…。あー、ヤンさんの誕生日パーティーね。

↓

 急に話し合いの内容を話し始めるとわかりにくいです。用件を伝えて、わかりやすく話し始めましょう。

キム：ノアさん、ヤンさんの誕生日パーティーのことなんだけど、どこでする↑

ノア：あー、もう決めないとね。どこにしようか。

Q1 リーさんの表現は正しいですか？ [p. 101]

田中：リーさん、京都はどうやって行く↑

リー：じゃあ、高速バスで行こうか。

↓

田中：リーさん、京都はどうやって行く↑

リー：高速バスで行こうか。時間はかかるけど、安くていいんじゃない↑

「じゃ」は何かの結論を出す時などに使います。質問に答える時には使いません。

 Q2 ノアさんの言い方でキムさんはどんな気持ちになると思いますか？ [p. 101]

キム：ノアさん、連休の旅行先のことなんだけど、京都はどう↑

ノア：でも、京都は遠くてお金がかかるから鎌倉へ行こう。

↓

すぐに相手の提案を否定すると相手が嫌な気持ちになることがあります。まず相手の提案を認めて自分の提案をしましょう。

キム：ノアさん、連休の旅行先のことなんだけど、京都はどう↑

ノア：京都もいいけど、ちょっと遠くない↑　お金もかかるし。鎌倉はどう↑　鎌倉なら近いし、伝統的な建物とかもあるから、いいんじゃない↑

第12課　気持ちを共有しながら印象を話す・聞く

スクリプト

聞いて答える [p. 106]

音声 50

友達が音声のように言いました。何と答えますか。

友達：ヤンさん、ヤンさんはいつ日本に来たの↑

ヤン：去年の春だよ。

友達：そうか。その時の東京の第一印象って、どうだった↑　覚えてる↑

会話例を聞く [p. 111]

会話例１：－友達と東京の第一印象について話す－

音声 51

キム：ノアさん、ノアさんはいつ日本に来たの↑

ノア：去年の９月だよ。

キム：そうか。その時の東京の第一印象って、どうだった↑　覚えてる↑

ノア：第一印象ねえ。実は第一印象はあんまりよくないんだ。

キム：へー、そうなんだ。

ノア：東京みたいな大都市に来たのは初めてだったから、なんか人も車も多くて、ごちゃごちゃしていると思って。今は慣れたけどね。

キム：そうだね。初めて大きい町に住むのは大変だよね。人も多いし、地下鉄もいろんな路線があるし。

ノア：そうそう。電車は混んでいるし。

キム：ほんと。でも、東京の生活に慣れると便利だけどね。

ノア：確かに。便利さに慣れちゃったから、国に帰ったら不便さを感じるかもしれない。

キム：そうかもしれないね。コンビニはこんなにないから。

ノア：そうだ。それは問題だ。じゃ、キムさんの第一印象は↑

キム：私は、けっこうよかったよ。

ノア：へー。どうよかったの↑

キム：東京は車が多いから空気が汚いと思ってたんだけど、意外にきれいだったんで感心したんだ。

ノア：ほんとにそうだね。

キム：羽田空港に着いた時、天気がよかったから、空が青くて、すっごくきれいだった。

ノア：それはちょうどよかったね。

キム：うん。

佐藤：マンさん、日本のクリスマスって、どうですか↑

マン：そうですね、フランスのクリスマスとは全然違いますね。

佐藤：そうなんですか。日本は宗教的なものがほとんどないですからね。

マン：ええ。それもそうなんですけど、そもそも過ごし方が違うんです。

佐藤：へー。どう違うんですか↑

マン：フランスでは家族にとって大事な行事ですから、家族がみんな揃って祝うんですけど、日本で若い人は友達同士とか、恋人同士で過ごすイメージがありますよね。

佐藤：あー、確かにそうですね。クリスマスの時期に恋人がいないと、寂しいと思う若い人もいるみたいですよ。

マン：そうなんですか。友達とパーティーしても楽しいと思いますけどね。

佐藤：そうですよね。でも、それは恋人がほしいという気持ちなのかもしれませんね。

マン：あーそういうことかもしれませんね。

　　　あ、それから、クリスマスの食事も日本とは違いますよ↗

佐藤：そうなんですか。日本でクリスマスの食事というと、鶏の丸焼きや鶏ももの焼いたもの、フライドチキンなどを思い浮かべますね。

マン：そうなんです。日本ではどういうわけかクリスマスに鶏肉をよく食べますよね。最初、日本ではクリスマスにフライドチキンを食べると聞いて、びっくりしたんです。

佐藤：えっ、そうなんですか。フランスでは食べないんですか↑

マン：ええ。フランスでは家庭によって食べるものが違うんです。例えば、ローストビーフだったりローストポークだったり、フォアグラやソーセージの場合もあります。

佐藤：なるほどね。私はてっきり鶏や七面鳥の丸焼きを食べるんだと思っていました。

マン：それでは、いつか是非フランスのクリスマスを味わってください。

佐藤：はい。いつか絶対フランスに行こう！

 のよいコミュニケーションの会話例

 Q マンさんの言い方で、イーさんはどんな気持ちになると思いますか？ [p. 111]

－先輩に－

イー：東京は交通機関が便利ですけど、地下鉄とかは複雑すぎて、わかりにくいですね。

マン：そうですか↑　全然複雑じゃないですよ。

相手の考え方を全部否定すると嫌な気持ちにさせることがあります。
相手を認めて自分の考えを言うとコミュニケーションがよくなります。

↓

イー：東京は交通機関が便利ですけど、地下鉄とかは複雑すぎて、わかりにくいですね。

マン：確かにけっこう複雑ですけど、慣れると問題なくなりますよ↗

スクリプト

聞いて答える　[p. 114]　　　　　　　　音声53 🔊

あなたは週末、温泉に行って来ました。友達が音声のように聞きました。あなたは何と答えますか。

友達：鈴木さん、箱根、行って来たんだって↑

Q　2つの会話を聞いてください。
ヤンさんの応答は、どう違いますか？　どちらが関心を示していると思いますか？

[p. 116] 音声54 🔊

1

鈴木：あの有名な円山ラーメンに行って来たよ。
ヤン：へー、どうだった↑　　　　　　　（関心を示していない音調）

鈴木：早めに行ったんだけど、店の前に行列ができてて。
ヤン：うん。

鈴木：1時間も待ったんだよ。
ヤン：へー。　　　　　　　　　　　　　（関心を示していない音調）

鈴木：でも、並んだ甲斐があって、おいしかった。
ヤン：あ、そう。　　　　　　　　　　　（関心を示していない音調）

2

鈴木：あの有名な円山ラーメンに行って来たよ。
ヤン：へー、どうだった↑　　　　　　　（関心を示す音調）

鈴木：早めに行ったんだけど、店の前に行列ができてて。
ヤン：うん。

鈴木：1時間も待ったんだよ。
ヤン：へー。　　　　　　　　　　　　　（関心を示す音調）

鈴木：でも、並んだ甲斐があって、おいしかった。
ヤン：あ、そう。　　　　　　　　　　　（関心を示す音調）

会話例を聞く　[p. 120]

会話例1：－友達に週末に行った温泉の感想を聞く－　　　　音声55 🔊

キム：ノアさん、伊豆、行って来たんだって↑

ノア：うん。ホテルの割引券もらったんだけど、

キム：えー、いいなあ

ノア：期限ぎりぎりだったから、思いきって行って来ちゃった、試験前なのに。

キム：余裕だね。で、どうだった↑

ノア：うん、すごくよかったよ。

キム：へー、どんなとこが↑

ノア：ホテルはどっちかっていうと、小さめだったんだけど、

キム：そうなんだ。

ノア：建物が落ち着いた雰囲気で、有名なわりには人も少なくて。

キム：へー、ラッキーだね。露天風呂とかも入った↑

ノア：うん、貸し切り状態で。

キム：お、いいね。

ノア：露天風呂から海が見えるんだけど、景色が抜群によかったよ。

キム：天気もよかったんだ。

ノア：うん。海がきらきら光っているのが見えて、違う世界にいるみたいでリラックスできた。

キム：いいねえ。お湯は熱くなかった↑

ノア：ちょうど夕方で海風も吹いて来て、温泉の温度も熱過ぎず、ぬる過ぎずで。

キム：へー、完璧じゃん。
　　　私も行きたかったなあ。誘ってくれればよかったのに。

ノア：だって、キムさんは、試験の準備ちゃんとやる派でしょ↑

キム：そんなことないけど、まあ、ノアさんよりはね。

ノア：だろ↑　今回また割引券もらったから、あげようか↑

キム：ほんと↑　やったー。

ノア：あそこは、お勧め。

キム：絶対行ってみる。

ノア：うん。ちゃんと試験が終わってからね。

　　　　　⋮

会話例 2：－同僚に映画の感想を話す－　　　　　音声 56

佐藤：マンさん、休みはどこか行きました↑

マン：んー、映画館で『トリプルエー』を見て来たぐらいですね。

佐藤：あ、新しい映画ですよね。

マン：ええ。

佐藤：混んでたんじゃないですか↑

マン：いえ、休みのわりには空いてたんです。夜だったからかもしれませんね。

佐藤：あー、それはよかったですね。で、映画はどうでした↑

マン：そんなに期待してなかったんですけど、よかったです。

佐藤：へー、アクションとかがですか↑

マン：そうですね。それもよかったですけど、家族愛というのがテーマとして流れていて、

佐藤：ええ。

マン：考えさせられたり感動したりするところもあって。

佐藤：えっ、それは意外ですね。

マン：そうですよね。

佐藤：私も見ようと思ってたんですが、けっこう重いんですか↑

マン：重いっていうほどではないですよ。笑えるところもたくさんありましたし。

佐藤：そうですか。よかった。楽しい気分になれるのが好きなので。

マン：それは大丈夫です。ただ、私の場合、日本人と笑うところが違ってて、1人で笑って浮いちゃうことがありました。

佐藤：そうなんですか↑

マン：はい。私は英語で聞いてて1人で吹き出しちゃったりするんですけど、周りの人はみんな、普通の顔をして見てるんですよ。

佐藤：あー、そういうことですか。

マン：恥ずかしかったです。

佐藤：そうですか。笑いって、文化的な背景が関わってますからね。

マン：そうですね。それに、字幕で全部説明できないですし。

佐藤：それもそうですね。私たちは笑うツボを損してるっていうことですよね。

マン：それぞれの国に映画やドラマがあるので、お互いさまです。

佐藤：確かにそうですね。
　　　で、マンさんはどんなところで1人で笑っちゃったんですか↑

⋮

 のよいコミュニケーションの会話例

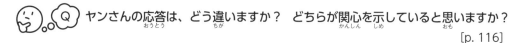 ヤンさんの応答は、どう違いますか？　どちらが関心を示していると思いますか？

[p. 116]

鈴木：あの有名な円山ラーメンに行って来たよ。

ヤン：へー、どうだった↑　　　（関心を示していない音調）

鈴木：早めに行ったんだけど、
　　　店の前に行列ができてて。

ヤン：うん。

鈴木：1時間も待ったんだよ。

ヤン：へー。　　　　　　　　　（関心を示していない音調）

鈴木：でも、並んだ甲斐があって、おいしかった。

ヤン：あ、そう。　　　　　　　（関心を示していない音調）

鈴木：あの有名な円山ラーメンに行って来たよ。

ヤン：へー、どうだった↑　　　（関心を示す音調）

鈴木：早めに行ったんだけど、
　　　店の前に行列ができてて。

ヤン：うん。

鈴木：1時間も待ったんだよ。

ヤン：へー。　　　　　　　　　（関心を示す音調）

鈴木：でも、並んだ甲斐があって、おいしかった。

ヤン：あ、そう。　　　　　　　（関心を示す音調）

 音調に気を付けて、関心を示す応答をしましょう。

コメントを追加して、関心を示しましょう。

鈴木：あの有名な円山ラーメンに行って来たよ。
ヤン：へー、いいね。どうだった↑
鈴木：早めに行ったんだけど、店の前に行列ができてて。
ヤン：やっぱり混んでるんだ。
鈴木：そうなんだよ。1時間も待ったんだ。
ヤン：へー、そんなに。さすがに有名店だね。
鈴木：でも、並んだ甲斐があって、おいしかった。
ヤン：よかったね。待った甲斐があったね。

 Q ヤンさんの答え方で、鈴木さんはどんな気持ちになると思いますか？ [p. 119]

鈴木：ヤンさん、旅行はどうだった↑
ヤン：うん、よかった。
鈴木：へー。どこがよかった↑
ヤン：みんなよかった。
鈴木：…。

鈴木さんは、ヤンさんがあまり話したくないんだと思って、話すのをやめるかもしれません。具体的に詳しく答えましょう。

鈴木：ヤンさん、旅行はどうだった↑
ヤン：富山県の舟川っていう川の景色がきれいで、すっごくよかった。
鈴木：へー。どんな景色↑
ヤン：川辺の桜並木がちょうど満開で、それだけでもすばらしかったんだけど、そのそばに
　　　菜の花と赤いチューリップが一面に咲いてたんだ。青空にピンクと黄色と赤の色が
　　　映えて、絵のような景色だった。
鈴木：それはきれいだろうね。写真見たいな。よかったら、見せてくれる↑

スクリプト

聞いて答える　[p. 124]

音声 57 🔊

友達に音声のように聞かれました。何と答えますか。

友達：ノアさん、日本に来てから何か困ったことってある↑

会話例を聞く　[p. 130]

会話例１：－友達に冷や汗をかいたような経験について話す－

音声 58 🔊

鈴木：ノアさん、冷や汗をかいたような経験ってある↑

ノア：うん、あるある。

鈴木：あるんだ。へー、どんなこと↑

ノア：函館に行った時のことなんだけどね。

鈴木：うん。

ノア：研究会で行ったんだけど、そのあと観光して最終便の特急で帰ってくる予定だったんだ。

鈴木：そうなんだ。日帰りで行ったの↑

ノア：ううん、1泊。

鈴木：そっか。

ノア：でさ、いろいろ回った後、お腹も空いたし、時間もあると思ってビール園のようなところに入ったわけ。

鈴木：お、うまそう！

ノア：そう。おいしかったんだけど、それがまずかったんだ。

鈴木：え、どういうこと↑

ノア：友達とビールを飲んで、すっかりいい気分になっちゃって、

鈴木：いいね。

ノア：特急の時間をうっかり忘れちゃってね。

鈴木：えーっ！　で↑

ノア：気が付いた時は、特急が発車する10分前くらいで、

鈴木：それ、やばいじゃん。

ノア：うん。それで、1人が支払いをしている間に他の人がタクシーをつかまえて、急いで駅に行ったんだ。

鈴木：で、間に合った↑

ノア：うん。タクシー降りてから、走ってぎりぎり間に合った。

鈴木：よかったねえ。

ノア：うん、間に合ったからよかったけど、1分遅かったらアウトだったよ。

鈴木：へー、ほんとにぎりぎりだったんだ。

ノア：そう、もう冷や汗かいちゃった。それに、ビールを飲んで走ったから顔は真っ赤になっちゃうし。

41

鈴木：でも、間に合ったからよかったじゃん。

ノア：そうだね。

鈴木：そうじゃなかったらもう1泊しなきゃならなかったから。

ノア：そうなんだよね。ま、もう少し早く気が付けばよかったんだけど。

鈴木：そうだね。これから気を付けなきゃね。

ノア：うん。

会話例2：－友達に旅行でがっくりした経験を話す－　音声59

リー：そういえば、おれ、ショックなことがあったんだあ。

田中：えー、なになに↑

リー：前、東京に旅行に行ったんだ、1週間ぐらい。

田中：うん。

リー：それで、浅草とかお台場とかアキバとか見て、写真いっぱい撮って、

田中：いいねえ。

リー：で、帰る前の日に花火大会にも行って、すごい迫力だったんだ。

田中：へーいいじゃん。

リー：うん。で、また写真撮りまくって、

田中：うん。

リー：携帯の写真がいっぱいにならないうちにと思って、タブレットに移したんだ。

田中：うん、私も最近そうしてる。

リー：それで、また明日からたくさん写真撮ろうと思って寝たんだけど、

田中：うんうん。

リー：次の朝、起きてタブレットを立ち上げようと思ったら、立ち上がらないんだよね。

田中：えっ↑　どういうこと↑

リー：よくわかんないけど、パニックになってすぐアキバへタブレット持って行って、

田中：うん。

リー：パソコンの修理の人に見てもらったんだけど、ハードドライブが壊れてるって。

田中：えー！　そりゃ大変だ。1週間分の写真が全部入ってるんだもんねえ。

リー：そうだろう↑　めちゃめちゃ撮ったのに。

田中：で、どうなった↑

リー：なんとか写真だけでもその壊れたハードから取り戻せないか聞いたんだけど、5万円もかかるって言われちゃって。

田中：えー。そりゃ、高い。

リー：うーん、それで泣く泣くあきらめた。

田中：うわー、ショック。

リー：で、出発までまだ時間があったから、またすぐ写真を撮り始めた。

田中：タフだねー。

リー：もう落ち込んでる暇はないって思って、とにかく撮ろうって感じ。

田中：そっかー。それはショックだったねえ。

リー：もうがっくりだったよ。

田中：うん、そうだね。でも、リーさんの心の中にたくさん写真が残ってるから。

リー：まあね。そういうことにしとく。

のよいコミュニケーションの会話例

 Q1 ノアさんの話の流れは、わかりやすいですか？　[p. 126]

ヤン：ノアさん、日本に来てから焦ったことってある↑

ノア：焦ったことねえ…　うん。あるある。

ヤン：へー、どんなこと↑

ノア：<u>試験会場、間違えちゃったんだ。</u>

ヤン：えっ↑

まずいつのことかを言って
から話すと、相手にわかり
やすくなります。

↓

ヤン：ノアさん、日本に来てから焦ったことってある↑

ノア：焦ったことねえ…　うん。あるある。

ヤン：へー、どんなこと↑

ノア：<u>JLPT を受けに行った時のことなんだけど。</u>

ヤン：うん。

ノア：受験票の表に住所が書いてあるよね。

ヤン：そうだね。

ノア：で、そこが試験会場だと思って行っちゃったんだ。

ヤン：えっ、それは大変だ。あれは試験会場の住所じゃないよね。

 Q2 キムさんの話の始め方はわかりやすいですか？　[p. 126]

キム：おはようございます。<u>昨日滑って転んじゃいました。</u>

田中：えっ。

最初から起きたことを話すとわかりにくいです。
話題を提示してから、話しましょう。

↓

キム：おはようございます。<u>昨日恥ずかしいことがあったんです。</u>

田中：え、恥ずかしいこと↑　どうしたの↑

キム：雪道を歩いている時に、滑って転んじゃったんです。

第15課　相手の意見を尊重して意見を言う・求める

スクリプト

聞いて答える　[p. 134]　　　音声60 🔊

友達に音声のように聞かれました。あなたは何と答えますか。

(1) －相手の言ったことと同じ場合－

┃ 友達：ノアさん、日本の食べ物って健康的だとか言われてるけど、そう思う↑

(2) －相手の言ったことと違う場合－

┃ 友達：ノアさん、日本の食べ物って健康的だとか言われてるけど、そう思う↑

会話例を聞く　[p. 139]

会話例1：－友達にステレオタイプについて意見を述べ、友達の意見も求める－　音声61 🔊

鈴木：こないだ飲み会でね、鈴木は女だから、地図が読めないだろって決めつけられたんだよね。

キム：そうなんだ、そんな本もあったからな。

鈴木：でもね、まるで女性が全員地図が読めないみたいに言われて、私としては憤慨したんだ。

キム：そっか。鈴木さんは地図を見るの、好きだからね。

鈴木：そうでしょ。人によって違うんだから、ステレオタイプで人を判断するっていうのは良くないと思うんだよね。

キム：それはそうかもしれないけど、ステレオタイプだって、その人たちの傾向はつかんでいると思うよ。

鈴木：そりゃそうだけど、全部が全部同じわけないじゃない。

キム：そんなことあり得ないよ。でも、全体的にそういう傾向があるってことがわかれば、理解しやすくなるんじゃないかな。

鈴木：そうかなあ。

キム：例えば、女の子に地図見てって言った時、できなくても、「なんで読めないわけ↑」なんて思わなくてすむだろ↑

鈴木：じゃあ、逆に男性だって地図が読めない人もいるわけじゃない。

キム：まあ、そうだろうね。少ないかもしれないけど。

鈴木：それで、その男の子に地図見てもらって、わからなかったら、腹を立てるわけ↑

キム：そういうわけじゃないけど。

鈴木：それなら、男女差じゃなくて個人差ということでいいんじゃない↑

キム：そしたら、みんな違うってことだけで、特徴とか傾向とかは言えないよ。

鈴木：うん、それでいいんじゃない↑

キム：一般的にどういう傾向があるか、また周りからどう見られているかがわかっていいと思うけどな。ただ、それを決めつけて話すことが問題なんだと思うよ。

鈴木：うん、それは言えてるね。

⋮

会話例２：－同僚にプラスチック製品について実態を述べ、相手の意見も求める－　音声62 🔊

マン：最近ニュースで見たんですけど、日本でもレジ袋やストローの使用が減ってきている
　　　そうですね。

佐藤：ええ。マイクロプラスチックとかの海洋汚染が進んでいますからね。

マン：そうですよね。亀とか魚、海鳥とかが食べて、栄養不足で死ぬということがよく報道
　　　されるようになっていますね。

佐藤：そうなんですよね。もっと減らさなければいけないのに、今の世の中、プラスチック
　　　製品があふれていますからね。

マン：ほんとに多いですよね。

佐藤：今日は、プラスチックごみの日だったんですけど、このごみがいちばん多くないで
　　　すか↑

マン：そうですか↑　私はそんなに多くないんですけど。佐藤さんは、プラスチック製品
　　　を減らすために何かしているんですか↑

佐藤：恥ずかしいんですけど、買い物する時に、マイバッグを持って行くことぐらいしかし
　　　ていないんです。

マン：私もそれはしていますけど、それだけでは不十分ですよね。

佐藤：確かにそうですね。マイバッグは、もう当たり前のことですから。
　　　マンさんは、他に何かしています↑

マン：私も大したことはしていないんですけど、できるだけプラスチックを使ったものを
　　　買わないようにしているんですよ。

佐藤：例えば、どんな物ですか↑

マン：ペットボトルの飲み物や100均のプラスチック製品を買わないとか。それから、フリース
　　　の服も買わないようにしています。

佐藤：えっ↑　フリースの服ですか↑　あの暖かい服ですよね。

マン：そうですよ。フリースの服を洗濯すると、マイクロプラスチックがたくさん流される
　　　そうですよ↗

佐藤：ほんとですか。知らなかったです。安さだけで選んじゃいけないですね。

マン：そうなんですよ。無意識にいつも通りの生活をしていると、何も変わりませんからね。

佐藤：確かにそうですね。反省しなきゃ。でも、個人の意識も大事ですけど、それだけでは
　　　変わりませんよね。

マン：その通りなんです。企業がもっと積極的に環境のことを考えた製品づくりをするべき
　　　だと思うんですよね。

佐藤：プラスチックを缶や瓶にするとか、リサイクル率を上げるとか、少しずつは取り組ん
　　　でいるみたいですけどね。

マン：それはそれでいいんですけど、なかなか進みませんよね。
　　　　⋮

のよいコミュニケーションの会話例

 Q ノアさんの意見の言い方はどうですか？ [p. 139]

先生：若い人は、政治に関心のない人が多くて、困るよね。
ノア：<u>いいえ。私／ぼくはそうは思いませんが。</u>

相手の意見を最初から否定しないで、1度認めてから自分の意見を言うと、コミュニケーションがよくなります。

↓

先生：若い人は、政治に関心のない人が多くて、困るよね。
ノア：<u>そうですね。確かにそういう人もいると思いますが、政治に関心を持って、積極的に活動している人もけっこういます。</u>